CYNNWYS

RHAGAIR

Ffrwyth cystadleuaeth a osodwyd yn wreiddiol gan Gyhoeddiadau'r Gair yw'r gyfrol hon. Bryd hynny, yn haf 2014, gofynnwyd am ddeunydd addas ar gyfer gwasanaeth Nadolig i blant a phobl ifanc. Roeddwn newydd ymddeol o fod yn Bennaeth Adran Addysg Grefyddol yn Ysgol Dyffryn Teifi, Llandysul ar ôl 39 mlynedd o addysgu plant, ac felly, o ddarllen am y gystadleuaeth, penderfynais roi cynnig arni. Roeddwn hefyd newydd ddechrau astudio ar gyfer gradd Meistr mewn Ysgrifennu Creadigol o dan Brifysgol Y Drindod Dewi Sant yn Llambed, ac roedd y cyfuniad o ysgrifennu'n greadigol ynghyd â blynyddoedd o baratoi gwasanaethau plant tra'n athrawes mewn amrywiol ysgolion uwchradd yn sylfaen i'm brwdfrydedd i gystadlu.

Pan oeddwn yn blentyn cefais fagwraeth arbennig ar aelwyd ddiwylliannol ac arweiniad gan rieni a oedd yn aelodau teyrngar yng Nghapel yr Annibynwyr Siloam, Pontargothi, Sir Gâr. Bu fy nhad yn ddiacon a chyhoeddwr yn y capel am nifer o flynyddoedd tra bod fy mam yn aelod ffyddlon a oedd yn hoff o lenydda a chystadlu yn eisteddfodau'r fro. Wrth gwrs, meithrinfa ei diddordeb hi yn y maes hwn oedd yr Eisteddfod Gyd-enwadol a gynhelir yn flynyddol ym Mhontargothi lle mae cystadlu brwd rhwng capeli ac eglwysi'r fro o hyd. Dyma'r rheswm felly dros gyflwyno'r gyfrol er cof am fy rhieni.

Yn yr eisteddfod leol cefais innau flas ar lenydda ac ysgrifennu'n greadigol ac fel fy mam magodd hyn ddiddordeb yn y ddwy ohonom i gystadlu mewn eisteddfodau lleol eraill ac yn ehangach. Ar ôl i mi ennill y wobr gyntaf yn y gystadleuaeth genedlaethol am baratoi deunydd ar gyfer gwasanaeth Nadolig, penderfynais ychwanegu at y deunydd drwy gynnwys cerddi, emynau, myfyrdodau, dramodigau, gweddïau ac ati ar gyfer pob mis o'r flwyddyn. Hefyd ceisiais gyflwyno deunydd cyfoes ar gyfrifiadur.

Gobeithio bydd y llyfr hwn o ddefnydd i'r rhai hynny sy'n gorfod trefnu gwasanaethau boed hynny mewn capeli, eglwysi neu ysgolion. Gellir dewis a dethol y deunydd yn ôl chwaeth bersonol a'u plethu i greu gwasanaethau llawn. Hoffwn ddiolch i Aled Davies, Cyhoeddiadau'r Gair am fodloni cyhoeddi'r gyfrol ac i Mair Jones Parry am ei gwaith gofalus yn golygu'r gyfrol. Fy ngobaith yw y bydd y llyfr o gymorth mawr i'r rhai hynny ohonoch chi sy'n ymchwilio a chrafu pen yn ddyfal wrth baratoi gwasanaethau plant yn eich amrywiol gymunedau neu ysgolion dyddiol. Pob rhwyddineb i chi oll yn y gwaith hollbwysig hwn.

Dwynwen Teifi
Gwanwyn 2018

Gair am yr awdur - Dwynwen Teifi

Merch fferm sy'n hanu o Ddyffryn Tywi yw Dwynwen Teifi, ond erbyn hyn mae hi a'i theulu wedi ymgartrefu yn Nyffryn Teifi ers nifer o flynyddoedd. Bu'n athrawes am bron ddeugain mlynedd gan orffen ei gyrfa fel Pennaeth Adran Addysg Grefyddol yn Ysgol Dyffryn Teifi, Llandysul yn 2014. Ar ôl ymddeol llwyddodd i ennill gradd M.A. mewn Ysgrifennu Creadigol o Brifysgol Llambed. Hefyd enillodd y wobr gyntaf mewn cystadleuaeth genedlaethol am baratoi deunydd ar gyfer gwasanaethau plant ar gyfer y Nadolig, a'r wobr honno a fu'n sbardun i'r gyfrol hon.

Yma ceir deunydd amrywiol – o emynau a cherddi i fonologau a chyflwyniadau dramatig – ar gyfer gwasanaethau plant ac ieuenctid ar hyd y flwyddyn. Er iddi roi'r gorau i'w swydd fel athrawes, mae Dwynwen yn parhau i fod yn Diwtor Cymraeg i Oedolion ac yn mwynhau mynd o gwmpas y fro yn gwasanaethu ar y Suliau. Gobeithio bydd y gyfrol hon o ddefnydd i'r rhai hynny sy'n crafu pen wrth chwilio am ddeunydd addas ar gyfer gwasanaethau plant – boed hynny mewn capel, eglwys neu ysgol.

MIS IONAWR

◇◇

EMYN
(Alaw – 'Ar Hyd y Nos')

Deuwn oll ar drothwy cyfnod
    I foli'r Iôr.
Blwyddyn newydd yma'n barod
    I foli'r Iôr.
Er i'r gwyntoedd rhynllyd daro,
Ac i'r stormydd llym ein blino,
Down i'r hafan yma'n gryno
    I foli'r Iôr.

Natur sydd yn araf ddeffro
    Yng nghwmni'r Iôr.
Tywydd blin yn raddol gilio
    Yng nghwmni'r Iôr.
Ionawr sydd â'i bawen oeraidd,
Chwilio wnawn am loches falmaidd,
Bydded i ni gysur mwynaidd
    Yng nghwmni'r Iôr.

Heddiw ar ein llwybrau ceisiwn
    Nodded yr Iôr.
Yn ei bresenoldeb teimlwn
    Nodded yr Iôr.
Os daw awel groes i'n hymlid,
Gofid yn lle dyddiau gwynfyd,
Cawn ynghanol brwydrau bywyd
    Nodded yr Iôr.

CÂN

(Alaw – 'Blwyddyn Newydd Dda i Chi')

Gyda'n gilydd yn dy dŷ,
Deuwn ni'n ieuenctid llon,
Gofyn wnawn am fendith Iôr
Ar y flwyddyn newydd hon.

Er na wyddom beth a fydd,
Diogel fyddwn gyda thi,
Ac os daw awelon croes –
Grym ein ffydd a'n cynnal ni.

Daw y misoedd yn eu tro,
Ambell gwmwl gyda'r gwynt,
Yna'r heulwen yn y nen
Wnaiff ein llonni ar ein hynt.

Awn ymlaen o fis i fis,
Er pob storom lem a ddaw,
A phan gollwn ninnau'r ffordd –
Hyfryd cydio yn dy law.

RAP Y FLWYDDYN NEWYDD

Dechrau blwyddyn yn dy dŷ –
Moli Duw sy'n fraint i ni.

Yn yr oedfa – pawb ynghyd,
Plygu glin i Grëwr byd.

Ionawr sydd â'i dywydd oer,
Pawb yn crynu dan y lloer.

Yma rhoddwn foliant triw
Yng nghynhesrwydd teulu Duw.

Eira 'fory 'fallai ddaw,
Mantell wen fydd ar bob llaw.

Er mor llwm yw gwedd y tir,
Gwanwyn ddaw i'n plith cyn hir.

Diolch am fyd natur wnawn,
Gyda'r bore a'r prynhawn.

Harddwch coed a meysydd fydd
Yn ein llonni nos a dydd.

Blodau'r eirlys sydd mor bur,
Blwyddyn arall yw yn wir.

Addewidion wnawn yn rhwydd,
Ceisio'u cadw yw ein swydd.

C'lennig geir o dŷ i dŷ,
Poced lawn o bres i ni.

Cyfle yw sy'n newydd sbon,
Dechrau da i'r flwyddyn hon.

Rhown ein dymuniadau'n llu –
Blwyddyn Newydd Dda i chi.

TRIBANNAU BLWYDDYN NEWYDD

Daeth blwyddyn newydd eto,
A'r awel oer i'n blino,
Mis Ionawr gyda'i iasol wynt
Sy'n dod ar hynt i'n deffro.

Mewn oedfa rhown wrogaeth
I'r Crëwr am gynhaliaeth,
Ar ddechrau cyfnod newydd sbon
Fe ddown yn llawn canmoliaeth.

Mae'n fis y dechreuadau,
A'r addewidion hwythau,
Calennig gawn o dŷ i dŷ
Wrth rannu'n dymuniadau.

Edrychwn i'r yfory,
Heb wybod beth all darfu
Ar lwybrau'n bywyd maes o law,
Ond cysur ddaw o'th garu.

Tydi yr Iôr all gynnal
Ein traed o'n gwyro gwamal,
A bydded i ni rodio'n rhydd
Dan rym ein ffydd a'th ofal.

CREU TARSIA
(Gweithgaredd Cyfrifiadurol)

Siap mathemategol yw Tarsia a gellir dewis o amrywiol rai. Un llwyddiannus iawn yw'r triongl. Gellir gwneud y gweithgaredd hwn ar sgrin fawr gyda'r defnydd o gyfrifiadur os oes un ar gael ar gyfer y gwasanaeth. Os nad oes, yna rhaid paratoi trionglau bach o flaen llaw – 16 ohonynt – a fydd yn ffitio at ei gilydd i greu un triongl mawr. Y bwriad yw matsio geiriau/brawddegau at ei gilydd.

Dyma sut y gellir creu Tarsia effeithiol. Ar ôl teipio'r geiriau 'Create Tarsia' ar y cyfrifiadur, dilynwch y cyfarwyddiadau a chreu eich Tarsia drwy fwydo cwestiynau/brawddegau/atebion i mewn i'r system. Yna, gellir ei argraffu, cyn torri'r trionglau bach unigol. Gallwch wneud y gweithgaredd yma yn yr oedfa neu'r Ysgol Sul, drwy fatsio gwahanol gwestiynau ac atebion i ffurfio un triongl mawr.

NEU – fe all yr arweinydd baratoi Tarsia o flaen llaw a chael y plant i fatsio'r geiriau/brawddegau sydd ar ochr pob triongl er mwyn creu un triongl mawr. Gweithgaredd ymarferol yw hwn sy'n gofyn am weithio mewn grŵp/grwpiau.

I gyflawni unrhyw un o'r uchod, rhaid bwydo cwestiynau/atebion/ geiriau i mewn i'r system sy'n creu Tarsia. Mae'r cyfrifiadur yn cymysgu'r cwestiynau/atebion ar gyfer ffurfio Tarsia.

Dyma enghraifft o 16 o gwestiynau/geiriau/brawddegau/atebion posibl er mwyn creu Tarsia mis Ionawr (os oes angen paratoi un o flaen llaw). Os caiff y Tarsia ei greu ar y cyfrifiadur yn y gwasanaeth, yna gall y plant a'r oedolion fwydo eu cwestiynau/atebion eu hunain ar y pryd.

Dathliad ar y cyntaf o Ionawr / Dydd Calan
Y deuddegfed dydd o'r mis / Gŵyl Calan Hen
Rhwng plwyf Llanwenog a Llandysul / Gêm y bêl ddu
Y Parch. Enoch James / Ficer Plwyf Llandysul yn yr 19eg ganrif
1833 / Dechrau Gŵyl Calan Hen

Astudio pennod o'r Ysgrythur / Offeiriad gwadd yn holi cwestiynau
Cenir emyn neu anthem / Cloi cyfraniad yr eglwys adeg yr Ŵyl
Gŵyl sy'n dechrau am ddeg y bore / Gorffen am bump y prynhawn
Dydd Santes Dwynwen / Ionawr 25
Tad Dwynwen / Brychan Brenin Brycheiniog
Y Tywysog Maelon / Roedd e eisiau priodi Dwynwen
Yfodd Maelon ddiod o'r cwpan / Trodd yn dalp o rew
Dymuniad cyntaf Dwynwen / Dod â Maelon yn ôl yn fyw
Ail ddymuniad Dwynwen / Duw i edrych yn garedig ar gariadon
Trydydd dymuniad Dwynwen / Gwasanaethu Duw
Ynys Llanddwyn / Sefydlwyd lle sanctaidd yma ar gyfer lleianod

CWIS MIS IONAWR

Pa enw arbennig sy'n cael ei roi ar Ionawr y cyntaf?
(Dydd Calan)

Pa draddodiad sy'n perthyn i'r diwrnod cyntaf o fis Ionawr?
(Canu Calennig)

Beth yw'r enw ar y rhodd gaiff plant Cymru ar Ionawr y cyntaf?
(Calennig/Arian)

Beth yw'r Fari Lwyd?
(Penglog ceffyl wedi'i orchuddio â lliain a rubanau)

Beth fyddai'r Fari'n ei wneud wrth ymweld â thai'r ardal?
(Canu nifer o benillion)

Pryd mae diwrnod Calan Hen?
(Ionawr 12)

Rhwng pa blwyfi y chwaraewyd gêm y 'bêl ddu'?
(Plwyfi Llanwenog a Llandysul)

Faint yw'r pellter rhwng gatiau eglwysi Llanwenog a Llandysul?
(6 milltir)

Pwy oedd Ficer Plwyf Llandysul 'slawer dydd?
(Y Parch. Enoch James)

Pa flwyddyn dechreuwyd gŵyl newydd grefyddol ar Ddydd Calan Hen?
(1833)

Faint o'r gloch mae Gŵyl Calan Hen yn gorffen fel rheol?
(5 o'r gloch)

Pwy oedd tad Dwynwen?
(Brychan Brenin Brycheiniog)

Ym mha ganrif roedd Brychan yn byw?
(5ed ganrif)

Pwy syrthiodd mewn cariad â Dwynwen?
(Maelon)

Ar ôl yfed y ddiod, beth ddigwyddodd i Maelon?
(Troi yn dalp o rew)

Sawl dymuniad gafodd Dwynwen?
(Tri)

Ar ba ynys sefydlodd Dwynwen le sanctaidd?
(Ynys Llanddwyn)

Olion beth a welir ar Ynys Llanddwyn heddiw?
(Hen eglwys)

Pa flwyddyn y bu Dwynwen farw?
(oc465)

Ar ba ddyddiad y caiff Dydd Santes Dwynwen ei ddathlu?
(Ionawr 25)

MYFYRDOD DWYNWEN

(Yn cael ei gyflwyno gan ferch wedi'i dilladu mewn gwisg hir laes. Gellir addasu'r cyflwyniad yn ôl tafodiaith yr ardal.)

Dwynwen yw'r enw a dw i'n ferch i Brychan Brenin Brycheiniog. Un tro, cynhaliwyd gwledd fawr ym mhalas fy nhad. Roedd llawer o bobl wedi dod yno ac roedden nhw wedi'u gwisgo mewn dillad hardd iawn. Roedd digon o ddewis o ddynion hefyd. Roeddwn i'n cael llawer o hwyl; cyfle i ddawnsio a bwyta digonedd tan oriau mân y bore.

Sylwais ar un gŵr arbennig a oedd yn syllu cryn dipyn arna i. Maelon oedd ei enw ac roedd e'n dywysog yn ôl yr hanes. Roedd e'n ddyn hardd iawn ac roedd e eisiau fy mhriodi i, ond roedd fy nhad eisoes wedi trefnu i mi briodi rhywun arall. Doedd Maelon ddim yn fodlon iawn o glywed hyn ac fe gafodd ei gynhyrfu gymaint nes i mi orfod dianc i ddiogelwch y goedwig. Yno gweddïais ar Dduw i'm helpu i anghofio am Maelon. Syrthiais i gysgu a thra 'mod i yno, ymwelodd angel gan roi diod arbennig i mi i'w yfed.

O ganlyniad, collais fy nghariad at Maelon ac fe gafodd e ei droi'n dalp o rew. Ar ôl hynny, cefais dri dymuniad. Y dymuniad cyntaf oedd gofyn am i Maelon gael ei ddadmer. Yr ail ddymuniad oedd erfyn ar Dduw i wireddu breuddwydion unrhyw un sy'n glaf o gariad. Y trydydd dymuniad oedd sicrhau na fyddwn i byth yn priodi.

Daeth y tri dymuniad yn wir, ac er mwyn dangos fy niolchgarwch am hyn, cysegrais fy mywyd yn gyfan gwbl i Dduw, gan fyw fel lleian ar Ynys Llanddwyn. Erbyn hyn, dw i wedi sefydlu eglwys yma hefyd.

Gobeithio ryw ddydd y daw yr eglwys a'r ffynnon gerllaw yn gyrchfan pererindod ac y bydd cariadon Cymru yn tyrru yma. Pwy a ŵyr, efallai y byddan nhw hyd yn oed yn cynnal dydd arbennig ar gyfer cariadon Cymru ryw ddiwrnod.

MIS CHWEFROR

CANEUON ROWND
(Alaw – 'Daw Hyfryd Fis')

Gŵyl Fair y Canhwyllau (Chwefror 2)

> Chwefror ydyw'r mis i seinio mawl i'r Iôr,
> A dathlwn Ŵyl y Golau bawb wrth ganu fel côr.
> Canu fel côr, canu fel côr,
> Dathlwn, dathlwn, dathlwn bawb wrth ganu fel côr.

Gŵyl San Ffolant (Chwefror 14)

> Ffolant ydyw'r Sant a ddathlwn yma nawr,
> A chofir am y cariad gan holl blantos y llawr.
> Plantos y llawr, plantos y llawr,
> Cariad, cariad, cariad gan holl blantos y llawr.

Dydd Mawrth Ynyd

> Dydd Mawrth a ddaw a'i loddest cyn bo hir,
> A hyfryd fydd cael blasu llwyth o grempog yn wir.
> Crempog yn wir, crempog yn wir,
> Blasu, blasu, blasu llwyth o grempog yn wir.

Dydd Mercher Lludw

> Dydd Mercher Lludw welir cyn y Pasg,
> A thrwy y Grawys beunydd mynd ar ympryd yw'r dasg.
> Ympryd yw'r dasg, ympryd yw'r dasg,
> Beunydd, beunydd, beunydd mynd ar ympryd yw'r dasg.

CÂN MIS CHWEFROR
(Alaw – 'Bonheddwr Mawr o'r Bala')

O dewch yn awr i foli –
Y Crist sydd yn ein caru,
Cyflawnodd wyrthiau lu. (x2)
Yn Chwefror – rhown fawl, (x2)
Cyflawnodd wyrthiau lu.

Adroddodd Crist ddamhegion
Wrth bob gwrandawr tirion
Am deyrnas nefol Dduw. (x2)
Yn Chwefror – rhown fawl (x2)
Am deyrnas nefol Dduw.

Wrth edrych 'mlaen i'r misoedd
Canmolwn Grist a'i werthoedd,
Boed fflam ein ffydd ar dân. (x2)
Yn Chwefror – rhown fawl, (x2)
Boed fflam ein ffydd ar dân.

CERDD MIS CHWEFROR

Mis Chwefror eto sydd wrth drothwy'r drws
A phawb yn moli'r Iôr mewn mawl a chân,
Y flwyddyn welir ar ei hyd o'n blaen,
A'r plant sy'n canu mawl – yn fawr a mân.
Mis bach yw hwn – yr ail o'r misoedd oll,
Mis Ffolant pan fo serch ar dân drwy'r tir,
Y cardiau lu yn datgan cariad deuddyn triw,
Calonnau dau yn un mewn cwlwm gwir.

Ond cariad mwy yw'r un a deimlodd Crist
At gyd-ddyn pan yn rhodio'r ddaear hon,
Yn gyfaill parod i bob un o'i blant,
A'i gymwynasau'n hael i bawb o'r bron.

Ynghanol tlodi a thrueni'r byd,
Cofiwn gariad Duw i'n clymu ynghyd.

GWEITHGAREDD GWNEUD/DATRYS TAGXEDO

Ar gyfer y gweithgaredd hwn rhaid wrth gyfrifadur a sgrin yn y gwasanaeth.

> Mynd i mewn i'r we – i tagxedo.com
> Yna i Create
> Clicio ar Load
> Clicio wedyn ar Words

Cael y plant i roi geiriau sy'n ymwneud â mis Chwefror. Geiriau fel: goleuni, cannwyll, Ffolant, cariad, gŵyl, Chwefror, Dydd Mawrth Ynyd, crempog, Mercher Lludw, Grawys, ymprydio, Iesu Grist, anialwch, deugain dydd ...

> Clicio ar Submit
> Clicio ar Shape – gellir dewis unrhyw ffurf
> Yna Save
> Wedyn – Print

Gellir gwneud y gweithgaredd hwn gyda'r plant yn yr oedfa ac yna arddangos y gwaith ar ôl hynny.
NEU fe ellir paratoi un 'Tagxedo' o flaen llaw i'w arddangos ar y sgrin, a gofyn i'r plant ddatrys pa eiriau fedran nhw eu gweld sy'n ymwneud â mis Chwefror.

Os nad oes cyfrifiadur na sgrin ar gael yn yr oedfa – yna gellir paratoi Tagxedos ar bapur o flaen llaw, a'u dosbarthu i'r plant (ac oedolion), a gallan nhw, mewn grwpiau, ddatrys pa eiriau sydd yno.

Er hyn, mae'n fwy effeithiol os gellir gwneud y gweithgaredd ar sgrin fawr gan fod pawb yn medru gweld yr un pryd wrth eistedd yn eu seddau – heb fod gormod o fân-drafod a symud o gwmpas!

TRIBANNAU MIS CHWEFROR

Mis Chwefror ddaeth yn llawen
Gan droedio'r tir â'i bawen,
'Mis Bach' â'i ddyddiau sydd yn grwn,
Rhown fawl i hwn mewn awen.

Mae cardiau Gŵyl San Ffolant
Mewn siopau yn cael gwerthiant,
A'r llanc sy'n anfon gair at ferch
Fel gwrthrych serch ei foliant.

Dydd Mawrth yw dydd yr Ynyd,
Cawn fwyta'n hael mewn gwynfyd
O'r crempog tew â'u blas mor goeth,
Cyn dyddiau noeth ein hympryd.

Bu Crist yn gaeth am gyfnod,
Heb fwyd am ddeugain niwrnod,
Tra Satan ddaeth i'w demtio Ef,
Ond Mab y Nef wnaeth wrthod.

Y Grawys sydd yn nodi
Y temtasiynau hynny,
A ninnau geisiwn ddilyn Crist,
Gan fod yn dyst o ddifri.

Rhown glod i'r Ceidwad tirion
Am ofal sydd yn gyson,
A thrwy ein bywyd braint yw byw
I'r Arglwydd Dduw yn ffyddlon.

YMSON CRIST (YN YR ANIALWCH)

(Seiliedig ar yr hanes yn Efengyl Mathew Pennod 4:1–11. Gellir addasu'r cyflwyniad yn ôl tafodiaith yr ardal. Yr un sy'n cymryd rhan Crist i'w ddilladu mewn gwisg hir laes.)

Rwyf yma yn yr anialwch ar fy mhen fy hun – ar ôl cael fy arwain gan yr Ysbryd. 'Sdim rhyfedd eu bod nhw'n galw'r lle yn anialwch; does dim llawer yn tyfu o 'nghwmpas i. Lle llwm iawn ydyw; dim ond ychydig borfa a rhyw blanhigion gwan eu golwg ym mhobman.

Dw i'n teimlo'n reit unig a dweud y gwir. Neb arall o 'nghwmpas i; neb i mi fedru siarad â nhw. Mae oriau'r dydd yn gallu bod yn hir, ond dw i'n sgwrsio â 'Nhad Nefol' yn gyson. Mae gair o weddi yn help i mi anghofio am yr unigrwydd ac yn gwneud i mi deimlo bod rhywun gyda fi ac yn cadw llygad arnaf.

Rwyf wedi bod yn yr anialwch yma am gyfnod go hir; deugain niwrnod mewn gwirionedd. Ie – pedwar deg o ddiwrnodau heb weld fawr neb na bwyta llawer chwaith. Ar ôl ymprydio am gymaint o amser, dw i'n teimlo ychydig yn benysgafn. Ar ben hynny, dw i wedi dechrau gweld rhyw bethau yn symud o 'nghwmpas i, yn enwedig gydag oriau'r nos.

Dim rhyfedd 'mod i'n hapus pan alwodd Satan heibio i 'ngweld i. Ro'n i'n teimlo'n reit falch o gael cwmni rhywun; wedi'r cwbl mae hi'n gallu bod yn ddiflas iawn pan nad oes neb gyda chi, ddydd ar ôl dydd. A dweud y gwir, mae'n ddigon i wneud i berson fynd yn ddwl. Ond ar ôl iddo fe gyrraedd, buan y sylweddolais i mai dod yma i 'nhemtio i o'dd y diafol, nid i gadw cwmni i fi.

Yn gyntaf, fe ofynnodd e i fi droi'r cerrig yn fara, gan 'mod i'n 'Fab i Dduw' meddai yntau. Ro'n i'n llwgu o eisiau bwyd cofiwch, ond fe wnes i'n siŵr nad oeddwn yn mynd i wrando arno fe o gwbl. Atgoffais i e'n ddigon parod mai geiriau Duw sy'n gallu cynnal dyn ac nid bara'n unig, fel y ces i 'nysgu yn y deml.

Yna, dyma fe'n penderfynu mynd â fi i Jerwsalem. Ro'dd hi'n braf cael mynd am dro ar ôl cael fy nghaethiwo i'r anialwch yma. Fe ddododd e fi i sefyll ar dŵr uchaf y deml a dweud wrtho i wedyn am daflu'n hunan i lawr. Ie, taflu'n hunan i lawr cofiwch! Byddai'r angylion yn dod i f'achub i, yn ôl yr hyn a ddwedodd e. Beth ar y ddaear o'dd e'n meddwl o'n i? Aderyn o ryw fath? Dwedwch y gwir; am wiriondeb. Fe ddwedais i wrtho fe'n reit sydyn am beidio â phrofi Duw fel hyn.

Cyn gadael wedyn, fe fynnodd y diafol 'mod i'n mynd gydag ef i fynydd uchel. Yno, fe ddangosodd e'r holl deyrnas oedd o'n cwmpas ni, a dweud y byddwn i'n cael y cyfan petawn i'n mynd ar 'y ngliniau ac yn ei addoli e! Na, – dim peryg' o gwbl, ac fe ddwedais i wrtho fe'n go sydyn mai Duw yn unig fyddai'r un y byddwn i'n ei addoli a'i wasanaethu.

Aeth e o'r golwg wedyn, diolch byth, a daeth yr angylion i gadw cwmni i fi.

DARLLENIADAU ADDAS O'R BEIBL
AR GYFER MIS CHWEFROR

Rhannu'r adnodau rhwng gwahanol gymeriadau

TEMTIAD IESU
Mathew Pennod 4 Adnodau 1–11

Llefarydd: Adnodau 1–3 (dechrau)

Y Diafol :   Adnod 3 (diwedd)

Llefarydd: Adnod 4 (dechrau)

Iesu: Adnod 4 (diwedd)

Llefarydd: Adnod 5–6 (dechrau)

Y Diafol: Adnod 6 (diwedd)

Llefarydd: Adnod 7 (dechrau)

Iesu: Adnod 7 (diwedd)

Llefarydd: Adnod 8–9 (dechrau)

Y Diafol: Adnod 9 (diwedd)

Llefarydd: Adnod 10 (dechrau)

Iesu: Adnod 10 (diwedd)

Llefarydd: Adnod 11

MIS MAWRTH

RAP GŴYL DDEWI

Mis Mawrth – daw Dydd Gŵyl Ddewi
Â'i falchder i ni'r Cymry.

Gyda'n gilydd – dathlu'n llon,
Cennin Pedr ar ein bron.

Non y fam a Sandde'r tad
Roddodd i ni nawddsant gwlad.

Addysg yn Llanilltud Fawr,
Bu yn fynach ar y llawr.

Yng Nglyn Rhosyn cododd le
I addoli Arglwydd Ne'.

'Gwnewch y pethau bychain hyn'
Oedd ei neges ar y bryn.

Cofiwn felly Gymry oll
Neges Dewi yn ddi-goll.

Rhannwn bawb ein cariad triw
Tra yn rhodio daear Duw.

EMYN GŴYL DDEWI
(Tôn – 'Hen Wlad Fy Nhadau')

Gŵyl Ddewi a ddethlir gan Gymry sy'n llon,
A gwisgwn genhinen mewn balchder ar fron;
Ein nawddsant a gofiwn â'i neges oedd fawr,
Wrth draethu i'r bobl ar lawr.

CYTGAN   Sant, Sant – Cofiwn am Ddewi ein Sant,
                 Ar Fawrth y cyntaf lleisiwn gri
                 Fel Cymry gwladgarol eu bri.

Sefydlodd eglwysi drwy'r wlad ar ei hyd,
Fel mynach yn rhannu ei neges i'r byd,
A dysgodd am Iesu a'i gariad mor wiw –
Gan wneuthur gweithredoedd oedd driw.

A heddiw rhaid arddel ein Cymro yn wir
A byw geiriau Dewi mewn ffordd sydd yn bur;
Cyflawnwn ddaioni a chanwn fel côr,
Rhown foliant i gennad yr Iôr.

TRIBANNAU GŴYL DDEWI

Mis Mawrth yw mis ein nawddsant,
Mis Dewi mab gogoniant,
A chofiwn am ei neges fawr
Tra ar y llawr – rhown foliant.

Bu hwn yn efengylu,
Yn crwydro a chenhadu,
Daeth torf i wrando arno'n driw
Gan droi at Dduw heb gablu.

Non ydoedd fam mor dyner,
A'i dad yn fawr ei bŵer,
O dras brenhinol daeth y gŵr –
Gan yfed dŵr oedd lawer.

Y tir fel bryn a gododd
A phawb yn wir a'i gwelodd,
Llanddewi Brefi oedd y lle –
A geiriau'r Ne' lefarodd.

Gŵyl Ddewi – cofiwn ninnau
'Y pethau bychain' hwythau,
A thrwy ein bywyd, ceisiwn fyw
Dan adain Duw a'i wenau.

ANERCHIAD GŴYL DDEWI

Ar y cyntaf o fis Mawrth rydym yn cofio am Ddewi Sant. Fe'i ganwyd mewn lle o'r enw Henfynyw ger Aberaeron, er bod rhai yn ei gysylltu â Chapel Non gerllaw Eglwys Gadeiriol Tyddewi. Enw ei fam oedd Non ac enw ei dad oedd Sandde – sef brenin Ceredigion.

Yn ei fynachlog, roedd gan Dewi reolau llym. Roedd yr oriau gweddïo yn hir, bara a dŵr yn unig oedd y bwyd arferol ac roedd y gwaith yn galed. Roedd rhaid gwneud yn siŵr nad oedd neb yn meddu ar arian gan fod angen i bawb ymrwymo i dlodi. Oherwydd ei ffordd syml o fyw, rhoddwyd iddo'r enw 'Dewi Ddyfrwr'.

Unwaith, pan oedd e'n pregethu i dyrfa fawr o bobl yn ardal Llanddewi Brefi, fe gododd y ddaear oddi tano. O ganlyniad, roedd pawb yn gallu ei weld e. Hefyd, dywedir bod colomen wedi disgyn ar ei ysgwydd.

Mae 'na stori enwog am Dewi pan oedd e ar un o'i deithiau pregethu. Daeth i le o'r enw Glyn Rhosyn. Roedd y tywydd yn oer ac er mwyn cadw'n gynnes cyneuodd Dewi a'i wŷr dân yno. Cododd mwg du o'r tân a hynny'n uchel i'r awyr. Perchennog Glyn Rhosyn oedd person o'r enw Boya a phan welodd yntau'r mwg yn yr awyr, dechreuodd ofidio. Casglodd Boya ei filwyr at ei gilydd a gorymdeithio i Lyn Rhosyn i ladd Dewi. Ond cyn iddyn nhw gyrraedd, cyflawnodd Dewi wyrth. Syrthiodd twymyn ar filwyr Boya ac yna fe syrthiodd ei holl anifeiliaid yn farw. Aeth Boya i weld Dewi, a gofyn iddo am faddeuant. O ganlyniad, rhoddodd Boya'r tir a oedd yng Nglyn Rhosyn fel rhodd i Dewi a daeth bywyd yn ôl i'w filwyr a'i anifeiliaid. Yma, wedyn, yr adeiladwyd mynachdy hardd a chafodd Dewi ei wneud yn bennaeth yno.

Bu Dewi farw yn y fynachlog ar y dydd cyntaf o fis Mawrth yn y flwyddyn OC 588 a dyna pam y cofiwn am ein nawddsant ar y diwrnod arbennig hwn. Gydag amser, adeiladwyd eglwys hardd yn y fangre yma. Yno heddiw mae Eglwys Gadeiriol Tyddewi wedi'i lleoli.

Neges fawr Dewi Sant oedd – 'Byddwch lawen a chadwch y ffydd. Gwnewch y pethau bychain a welsoch ac a glywsoch gennyf i.'

Cofiwn ei neges yng Nghymru heddiw gan wneud y 'pethau bychain' yn ein bywyd bob dydd. Cofiwn am yr hen a'r unig, y rhai sy'n ddigartref, a'r rhai hynny yn ein byd sy'n dioddef o dlodi. Ceisiwn ddangos cariad Crist ym mhob peth a wnawn – yr un fath â Dewi Sant.

GWEDDI MIS MAWRTH

Arglwydd, trown atat ti ym mis Mawrth fel hyn, gan ddiolch am yr holl bethau o'n cwmpas rydym ni'n eu cymryd mor ganiataol o ddydd i ddydd. Hyfryd yw gweld byd natur yn deffro a'r dydd yn raddol ymestyn. Tymor y gwanwyn ar y trothwy a phawb yn ysgafnach eu cerddediad.

A hithau'n adeg gŵyl ein nawddsant, diolchwn i ti am Dewi a fynnodd sôn am gyflawni'r pethau bychain. Yn yr un modd, boed i ninnau weld anghenion eraill a'u cynorthwyo ym mhob gair a gweithred o'n heiddo. Bydded i ni alw heibio'r hen a'r unig, a cheisio dod ag ychydig oleuni i fyd y rhai hynny sy'n edrych ar ochr dywyll bywyd o hyd.

Yr adeg hon o'r flwyddyn, adeg Gŵyl Ddewi, mae angen i ni fel Cymry werthfawrogi'r pethau hynny sy'n perthyn i ni fel cenedl. Parchu ei hiaith a'i diwylliant a sicrhau ein bod ni'n garedig wrth bawb mewn gair a gweithred. Cofio am yr hen a'r methedig a galw heibio i rannu o'n cysur â'r rhai hynny sy'n unig eu byd.

Diolchwn am ogoniant byd natur; yr adar yn pyncio eu cân yn blygeiniol, a'r bywyd newydd a welir ar y meysydd wrth i'r oenig bychan brancio.

Hefyd mae'n fis i gofio mamau'r fro ac i ddiolch am eu cariad tyner a'u gofal drosom ar bob adeg.

Rhown glod i famau'r fro ynghyd
Can's hwy sy'n dal holl seiliau'r byd.

Boed i ni blant Cymru, wrth droedio trwy fis Mawrth, gofio yn yr un modd am y bobl llai ffodus na ni yn ein byd. Yn y gymuned hon, cofiwn am y rhai hynny sy'n dioddef o salwch neu'n hiraethu am rai annwyl iddynt. Ar lawr byd-eang, boed i ni gynorthwyo'r bobl sy'n byw mewn tlodi ac yn dioddef o newyn.

Gwnawn y pethau bychain a oedd yn bwysig i Dewi ein nawddsant – yma yng Nghymru a hefyd yn y byd yn gyffredinol. Cofiwn am esiampl Crist i'n byd a bydded i ni sicrhau fod pob gair a gweithred o'n heiddo yn deilwng o'r aberth a roddwyd ar fryn Calfaria. Gofynnwn hyn yn enw ein Harglwydd Iesu Grist. Amen.

CERDD MIS MAWRTH – SUL Y MAMAU

Ar Sul y Mamau deuwn oll ynghyd
I ganmol mamau'r fro mewn mawl a chân,
Eu cariad hwy dros blant y ddaear gron
Sydd beunydd yma'n fytholwyrdd a glân.
Y fam o'i chroth a ddaeth â ni i'r byd,
A'n lapio gyda'i gofal rhag pob loes,
Yr un aberthodd gymaint drosom ni,
A'n gwarchod beunydd – er pob cam a chroes.

Yr Iesu ar Galfaria deimlodd boen,
A Mair ei fam a wylodd ddagrau lu
O weld ei mab ar groesbren ar y bryn
Yn marw o dan nen oedd dywyll ddu.

Trysorwn ninnau heddiw famau'n gwlad,
Y rhai sy'n rhoi eu cariad hael yn rhad.

MONOLOG MAM –
AR GYFER SUL Y MAMAU

(Os yn bosib, y fonolog i'w chyflwyno gan un o famau'r fro ac yn nhafodiaith yr ardal.)

Fedra i ddim peidio â phoeni am fy mhlentyn. Fi ddaeth ag ef i'r byd. Fi gariodd e'n ofalus y tu mewn i mi am naw mis gan sicrhau 'mod i'n bwyta'n iach a dim yn gorwneud pethau. Ti oedd cannwyll fy llygaid ac rwyt ti'n dal o hyd yn annwyl i mi.

Dw i'n cofio pa mor falch roeddwn i'n teimlo pan ddwedwyd wrthyf mai bachgen bach roeddwn i'n mynd i'w gael. Bob tro roeddet ti'n rhoi cic yn fy mol, ro'n i'n meddwl mai chwaraewr pêl-droed neu ar y cae rygbi y byddet ti.

Yna, pan gest ti dy eni, do'dd hi ddim yn hawdd. Poenau ofnadwy am oriau – ond pan weles i dy wyneb bychan crwn di, fe anghofiais am yr holl ddolur.

Ar y dechrau, roedd rhaid dy fwydo di'n ofalus, a rhoi llaeth i ti ar amseroedd penodol. Gyda'r misoedd wedyn, esgus bod hofrennydd yn hedfan uwchben ac yn dod â'r bwyd i dy geg. Hyfryd oedd dy weld di'n dysgu sut roedd defnyddio cyllell a fforc ac yn llwyddo i fwyta'n daclus, a hynny ymhell cyn dechrau yn yr ysgol.

Dw i'n cofio dy gamau cynta' di. Eistedd yn y lolfa, dy dad a minnau, a thithau'n sydyn yn rhoi rhyw dri cham tuag aton ni. Doedd dim stopio arnat ti wedyn, a rhaid oedd cadw llygad gofalus rhag ofn i ti grwydro i rywle na ddylet.

Roedd dy ddiwrnod cyntaf di yn yr ysgol yn hunllef i mi. Mynd â thi yno yn y bore, a'th adael yn yr ysgol tan ddiwedd y prynhawn. Fi oedd waetha; y tŷ yn dawel a neb o gwmpas – poeni dy fod di'n hiraethu amdana i. Ond roeddet ti'n iawn; digon o ffrindiau o'th gwmpas a digon o hwyl wrth chwarae a chanu gyda'ch gilydd. Yna, cyrraedd mynedfa'r ysgol yn gynnar ddiwedd y prynhawn a 'nghalon i'n llamu o weld dy wên lydan di.

Yr un oedd fy nheimladau pan est ti i'r ysgol uwchradd a thithau erbyn hynny'n gorfod dal y bws i'r dre. Ond roeddet ti'n cael hwyl; cyfle i ddechrau bod yn annibynnol ac i gychwyn allan ar dy siwrne dy hun drwy'r byd mawr.

Bellach, mae dyddiau coleg wedi hen fynd heibio, a thithau wedi dod o hyd i swydd gyfrifol. Fe fyddi di maes o law yn cael dy deulu a'th gartref dy hun. Ond beth bynnag a ddaw, fe fydd fy nghariad i'n mynd gyda thi bob cam o'r daith.

Dyw cariad Mam byth yn peidio, beth bynnag fydd dy oed di. Fe fydda i yma yn llawn consyrn a gofal amdanat tan i mi fynd o'r byd. Cofia – nid yw cariad Mam yn darfod byth.

Mae Paul yn dweud, 'Y mae cariad yn amyneddgar; y mae cariad yn gymwynasgar; nid yw cariad yn cenfigennu, nid yw'n ymffrostio, nid yw'n ymchwyddo.'

Ryw ddiwrnod, pan fyddi di'n rhiant dy hun, fe fyddi di'n deall yr hyn rwy'n ceisio'i ddweud wrthot ti.

SGETS MIS MAWRTH

(Gwneud y Pethau Bychain a Sul Y Mamau. Gellir defnyddio tafodiaith yr ardal.)

MAM: Manon, wyt ti'n fodlon gwneud ffafr â fi?

MANON: Iawn, Mam. Beth yw e?

MAM: Wnei di lanhau'r gegin a'r stafell ffrynt y prynhawn 'ma?

MANON: O Mam – oes rhaid i fi?

MAM: Wel, mae angen i fi fynd i gyfarfod arbennig yn y capel.

MANON: Pam mynd i'r capel heddiw?

MAM: Eisiau trefnu'r byrddau ar gyfer y Cinio Gŵyl Ddewi.

MANON: Ond does dim rhaid glanhau'r lle y prynhawn 'ma, oes e?

MAM: Wel, mae Anti Marian yn galw heibio ar ei ffordd adre o'r ysbyty, a dw i eisiau i'r lle fod yn lân ar ei chyfer.

MANON: Pam mae hi'n mynd i'r ysbyty, Mam? Ydy hi wedi cael damwain?

MAM: Nag ydy; mynd i ymweld â rhai o'r cleifion ar ran y capel y mae hi – helpu'r gweinidog, gan ei bod hi'n un o'r diaconiaid.

MANON: Ond Mam, fedra i ddim rhoi help llaw i
                chi heddiw. Dw i wedi gwneud trefniadau i
                alw draw i weld Ffion y prynhawn 'ma. Ro'n
                i eisiau cael sgwrs am drefniadau mynd i
                Langrannog ddiwedd y mis.

MAM: Mae 'na ddigon o amser cyn hynny siŵr.

MANON: Oes, dw i'n gw'bod.

MAM: Wel, dyna ni te. Rhaid i fi fynd nawr neu fe
                fydd y cyfarfod wedi dechrau.

*(Mam yn gadael a Manon yn chwilio am ei ffôn symudol ac yn dechrau
ysgrifennu neges-destun gan siarad allan yn uchel yr un pryd.)*

MANON: *(yn dweud yn araf)* Sut wyt ti? Wedi meddwl
                galw draw ond Mam eisiau i fi wneud ychydig
                o waith tŷ cyn bod Anti Marian yn dod
                heibio. *(gwasgu'r botwm 'anfon')*

*(Manon yn cydio mewn dwster o ddrôr ar yr ochr ac yn dechrau dwstio
ychydig a thacluso'r rac lyfrau yn y gornel.)*

(Sŵn neges yn cyrraedd ar ei ffôn symudol, sydd bellach ar y bwrdd.)

MANON: O – neges oddi wrth Ffion. *(Cydio yn y ffôn a
                darllen y neges yn uchel ac yn araf)*. Falch dy
                fod di'n cofio ei bod hi'n Sul y Mamau cyn bo
                hir, a dy fod di'n rhoi help llaw i dy fam.

*(Manon yn gosod y ffôn yn ôl ar y bwrdd ac yn cario ymlaen â'r dwstio.
Cnoc ar y drws – a Manon yn camu i ochr y llwyfan.)*

MANON: O Anti Marian, dewch i mewn; falch i'ch gweld
                chi.

ANTI MARIAN: Wel Manon fach, on'd wyt ti'n ferch dda yn
                 helpu dy fam di fel hyn. 'Gwnewch y pethau
                 bychain' ys dywed Dewi Sant.

MANON: Wel – ro'n i wedi meddwl mynd i weld ffrind,
                 ond gaiff hwnnw aros tan yfory.

(Y Fam yn cerdded i mewn.)

ANTI MARIAN: *(yn troi at y fam)* Wel Megan fach, nawr ro'n
                 i'n dweud pa mor lwcus wyt ti. Mae'r lle 'ma'n
                 edrych yn daclus iawn, chwarae teg i Manon.

MAM: Ydy. Diolch i ti bach.

MANON: Reit. Dishgled o de Anti Marian?

ANTI MARIAN: Jyst y peth ar ôl bod yn cerdded o gwmpas y
                 wardiau 'na.

MANON: A i i ddodi'r tegell arno.
                 (Manon yn cerdded allan)

MAM: Reit te, Anti Marian, sut aeth hi yn yr ysbyty?

(Y Fam ac Anti Marian yn cerdded allan ar yr ochr chwith.)

CWIS MIS MAWRTH

Beth sy'n cael ei ddathlu ar Fawrth y cyntaf?
(Dydd Gŵyl Ddewi)

Pa flodyn a wisgir ar Ddydd Gŵyl Ddewi?
(Y Genhinen Pedr)

Pa symbol arall sy'n amlwg iawn adeg Gŵyl Ddewi?
(Y Genhinen)

Beth oedd enw mam Dewi Sant?
(Non)

Beth oedd enw tad Dewi Sant?
(Sandde)

Brenin ar ba ardal oedd Sandde?
(Ceredigion)

Beth oedd enw'r pentref lle cafodd Dewi ei addysg?
(Llanilltud Fawr)

Ble cododd bryn o dan draed Dewi wrth iddo annerch ei bobl?
(Llanddewi Brefi)

Beth ddisgynnodd ar ei ysgwydd gyda hyn?
(Colomen)

'Gwnewch y pethau _____' Beth oedd neges Dewi Sant i'r bobl?
(Bychain)

Pam rhoddwyd yr enw 'Dewi Ddyfrwr' ar Dewi Sant?
(Am ei fod yn hoff o yfed dŵr [a bwyta bara])

Pwy oedd perchennog Glyn Rhosyn?
(Boya)

O ganlyniad i wyrth Dewi, beth ddigwyddodd i filwyr Boya?
(Dioddef o dwymyn)

Beth ddigwyddodd i anifeiliaid Boya?
(Buon nhw farw)

Pa flwyddyn bu Dewi farw?
(oc 588)

Pa Sul arbennig a ddethlir yn ystod cyfnod y Grawys ac ym mis Mawrth fel rheol?
(Sul y Mamau)

TARSIA MIS MAWRTH
(Gwaith Cyfrifiadurol)

Cyfarwyddiadau gwreiddiol gyda deunyddiau gwasanaeth mis Ionawr.

Dyma enghraifft o 16 o gwestiynau/geiriau/brawddegau/atebion posibl er mwyn creu Tarsia mis Mawrth (os oes angen paratoi un o flaen llaw). Os gwneir y Tarsia yn y gwasanaeth, gall y plant a'r oedolion fwydo eu cwestiynau/atebion eu hunain ar y pryd.

Dydd Gŵyl Ddewi / Y cyntaf o fis Mawrth

Blodyn amlwg ym mis Mawrth / Y Genhinen Pedr

Mam Dewi Sant / Ei henw oedd Non

Sandde / Brenin Ceredigion

Cafodd Dewi ei addysg yma / Yn Llanilltud Fawr

Neges fawr ein nawddsant / 'Gwnewch y pethau bychain'

Cododd y tir / Yn Llanddewibrefi

Lle geni Dewi / Henfynyw ger Aberaeron

Dŵr a bara / Diod a bwyd dyddiol Dewi Sant

Disgynnodd hon ar ysgwydd Dewi / Colomen

Perchennog Glyn Rhosyn / Boya

Ymrwymo i dlodi / Bywyd mynach

Sul y Mamau / Y Pumed Sul yn y Grawys

Y flwyddyn OC 588 / Bu Dewi Sant farw

Rhoddwyd hwn gan Dewi i Boya / Maddeuant

Mae Eglwys Gadeiriol yma heddiw / Tyddewi

MIS EBRILL

CÂN YR WYTHNOS FAWR
(Alaw – 'The Way the Bunny Hops' / 'The Wheels on the Bus')

Ein Crist a ddaeth ar asyn bach,
Asyn bach, asyn bach,
Ein Crist a ddaeth ar asyn bach
    I Salem dref.

Fe daenodd pawb eu mentyll oll,
Mentyll oll, mentyll oll,
Fe daenodd pawb eu mentyll oll
    Ar y ffordd.

O fewn y deml troes bob bwrdd,
Troes bob bwrdd, troes bob bwrdd,
O fewn y deml troes bob bwrdd,
    'Tŷ Gweddi Yw.'

Yr Iesu drefnodd wledd y Pasg,
Gwledd y Pasg, gwledd y Pasg,
Yr Iesu drefnodd wledd y Pasg,
    Bara a gwin.

Gerllaw mewn gardd rhoes weddi daer,
Gweddi daer, gweddi daer,
Gerllaw mewn gardd rhoes weddi daer
    I Dduw y Tad.

A Jwdas oedd y bradwr ffôl,
Bradwr ffôl, bradwr ffôl,
A Jwdas oedd y bradwr ffôl,
    Am ddeugain darn.

Fe wadodd Pedr Iesu'n llwyr,
Iesu'n llwyr, Iesu'n llwyr,
Fe wadodd Pedr Iesu'n llwyr,
            Dair gwaith i gyd.

Ar groesbren garw hoeliwyd Crist,
Hoeliwyd Crist, hoeliwyd Crist,
Ar groesbren garw hoeliwyd Crist,
            Calfaria fryn.

Y gwragedd aethant at y bedd,
At y bedd, at y bedd,
Y gwragedd aethant at y bedd,
            Gwag ydoedd hwn.

Fe atgyfododd Crist yn wir,
Crist yn wir, Crist yn wir,
Fe atgyfododd Crist yn wir,
            Y trydydd dydd.

A heddiw awn â'i neges ef,
Neges ef, neges ef,
A heddiw awn â'i neges ef
            I'r eang fyd.

EMYN Y PASG
(Alaw – 'Prysgol')

Deuwn Iôr yn driw i'th foli,
Cofiwn aberth Crist ar groes,
Rhoi ei fywyd gwerthfawr drosom,
Cariad mwy gan neb nid oes.
Marw wnaeth dros bechaduriaid
Fel y gallem ninnau fyw,
Tyner ydyw, llawn tiriondeb –
Deuwn oll i foli Duw.

Deuwn Iôr yn driw i'th foli,
Cofiwn Grist mewn beddrod maen,
Pawb mewn hiraeth am eu harwr,
Ar ôl bywyd pur, di-staen.
Trwy ei wyrthiau rhoddodd Iesu
Gymorth i'r rhai llesg fu'n byw,
Dysgu'r bobl ar ddamhegion –
Deuwn oll i foli Duw.

Deuwn Iôr yn driw i'th foli,
Cofiwn atgyfodiad Crist,
Drws y bedd a dreiglwyd ymaith,
Gwragedd oll â'u gwedd mor drist.
Trydydd dydd y cododd Iesu,
Daeth yn ôl o farw'n fyw,
Trwyddo ef daw gobaith newydd –
Deuwn oll i foli Duw.

RAP Y PASG

Ar gefn asyn teithiodd Crist,
Pawb yn llawen – neb yn drist.

I Jerws'lem aeth ar daith,
'Cân Hosanna' lawer gwaith.

Yn y deml gwelodd dwyll,
Troes y byrddau – colli'i bwyll.

'Dylent dalu'r dreth yn wir,'
Ydoedd cais arweinwyr sur.

Melltith roes ar ffigys bren,
Crinodd hwnnw wedi'r sen.

Jwdas wnaeth fradychu Crist,
Yntau wedyn ydoedd drist.

Swper 'da'r disgyblion fu,
Gwin a bara yno'n llu.

Yn yr ardd bu gweddi daer,
Troi at Dduw wnaeth 'Mab y Saer'.

Pedr wadodd Grist dair gwaith,
Yna wylodd – dyna ffaith.

Ar Galfaria rhoddwyd ef,
Croesbren garw – taer ei lef.

Yna ar y trydydd dydd,
Yntau ddaeth o'i rwymau'n rhydd.

Bedd yn wag ac Iesu'n fyw,
Atgyfododd Mab ein Duw.

Heddiw rhoddwn ninnau glod,
Moli Iesu ydyw'r nod.

Rhannu'i gariad yn ein gwaith,
Byw fel Crist bob cam o'r daith.

TRIBANNAU'R WYTHNOS FAWR A'R PASG

Marchogodd Crist ar ebol,
A gweiddi wnaeth y bobol,
'Hosanna,' meddent, 'i Fab Duw,'
Â'u llef yn driw a duwiol.

I'r deml yr aeth Iesu
Lle gwelodd rai'n masnachu,
Troes drosodd fyrddau'r dynion lu –
A hwythau fu yn crynu.

Mewn Swper torrwyd bara,
A'i fwyta oll yn ara',
Y gwin yn symbol gyda hyn
O aberth bryn Calfaria.

Bradychwyd Crist â chusan
Gan Jwdas ffôl am arian,
Deg darn ar hugain gafodd ef
Am Fab y Nef ei hunan.

A Pedr yntau wadodd –
'Ni wn pwy yw,' lefarodd,
Gan droi ei gefn ar Iesu gwyn,
A gyda hyn yr wylodd.

Ar groesbren garw hoeliwyd,
A'i fywyd oll a gollwyd,
Ei lef mor ingol yno gaed –
Ond trwy ei waed fe'n prynwyd.

Y gwragedd ddaethant hwythau
Gan ddwyn eu peraroglau
At feddrod gwag – heb gorff y Crist –
A phawb yn drist eu hwyliau.

Ein Ceidwad atgyfododd,
Y trydydd dydd gorchfygodd,
A'i deyrnas sy'n dragwyddol fyw –
Dan wenau Duw fe'n carodd.

Clodforwn hael Gynhaliwr
Am anfon in Waredwr,
Fe roddwyd Crist gan Dduw i'n byd
Yn aberth drud o Brynwr.

CERDD Y PASG

Daeth Gŵyl y Pasg a chofiwn aberth Crist,
Y cariad welwyd ganddo ar y groes;
Ar Fryn Calfaria rhoes ei fywyd oll –
Dros ddyn a'i bechod dioddefodd loes.
O ganol dydd bu t'wyllwch dros y wlad
Cyn iddo weiddi gydag uchel lef,
A llen y deml rwygwyd yn ddau ddarn
Wrth farw'r Mab a ddaeth â'i neges gref.

Cymerodd Joseff gorff yr Iesu mwyn
A'i roi mewn bedd a naddwyd iddo ef,
Fe dreiglwyd maen i'w osod wrth y drws
Tra'r milwyr yno'n gwarchod Mab y Nef.

Ond atgyfododd Crist – mae eto'n fyw
Yn obaith gwyrthiol i holl ddynolryw.

ANERCHIAD MIS EBRILL – Y PASG

Mae hi'n Basg unwaith yn rhagor a chyfle i ni fel Cristnogion atgoffa'n hunain o'r aberth mwyaf a welodd dyn erioed. Mae'r Pasg yn gyfnod pan gofiwn am yr Wythnos Fawr a Christ yn marchogaeth ar gefn ebol asyn i Jerwsalem. Fe allai Iesu fod wedi mynd i mewn i'r ddinas yn llawn rhwysg a bri ond dewisodd fynd ar gefn asyn er mwyn dangos ei ostyngeiddrwydd i'r bobl. Doedd e ddim am ddangos ei fod e uwchlaw eraill, ond yn hytrach ei fod e gyda'r mwyaf gwylaidd yn eu plith. Yr enw ar y dydd hwn yw Sul y Palmwydd, a hynny am fod y bobl wedi torri canghennau o balmwydd o'r coed a'u gosod ar hyd y ffordd o dan draed Iesu. Mae hyn yn debyg i'r syniad o osod carped coch pan ddaw person pwysig i ymweld â rhyw le arbennig. Wrth gwrs, enw arall ar y Sul yma yw 'Sul y Blodau' am ein bod ni, yn ôl traddodiad, yn gosod blodau ar yr adeg hon o'r flwyddyn ar feddau anwyliaid sydd wedi marw.

Ar ôl hyn aeth Iesu i mewn i'r deml yn Jerwsalem, lle roedd pobl yn cael eu twyllo wrth brynu ebyrth ac wrth gyfnewid arian. Yn ei ddicter, troes y byrddau ac atgoffodd yntau'r bobl mai 'tŷ gweddi' ac nid 'ogof lladron' oedd y deml. Roedd hyn wrth gwrs yn dangos cryfder cymeriad Crist yn erbyn y rhai hynny a oedd yn twyllo eraill ac nad oedd hynny'n rhywbeth derbyniol ganddo. Yn yr un modd, mae'n bwysig ein bod ninnau'n dangos yr un cyfrifoldeb pan welwn ni annhegwch yn ein byd. Mae'n bwysig ein bod ni'n ceisio dileu twyll a dod â chyfiawnder i fywydau pobl eraill.

Yn ystod yr wythnos hon hefyd, mae Iesu'n melltithio ffigysbren am nad yw'n dwyn ffrwyth. Yn ôl yr hanes, doedd hi ddim yn adeg ffigys, ac felly, ar yr wyneb, mae'r hanes yn ymddangos yn annheg. Wrth gwrs, pwrpas Iesu yn gwneud hyn oedd dangos grym ffydd a'r pwysigrwydd o gredu yn yr hyn sy'n amhosibl a'i droi'n bosibilrwydd. Hefyd, daeth rhai o'r Phariseaid at Iesu a gofyn iddo a oedd hi'n gyfreithlon neu beidio i dalu trethi i Gesar. Gofynnodd Iesu am ddarn arian – darn a oedd â llun o Gesar arno. Yn ei ateb, dwedodd wrthynt am roi 'pethau Cesar i Gesar' a 'phethau Duw i Dduw'. Roedd y Phariseaid wedi gobeithio dal Iesu ar ei air, yn y gobaith y byddai yntau wedi dweud rhywbeth a fyddai'n cythruddo'r bobl. Yn lle hynny, roedd e wedi llwyddo i roi ateb a oedd yn osgoi hyn gan achosi rhyfeddod yn eu plith. Yn yr un modd, mae angen i ni, fel pobl, fod yn ofalus yn ein geiriau ar bob adeg, rhag ofn i ni achosi loes a gofid i eraill.

Ar ôl hyn, aeth Jwdas Iscariot, un o'r deuddeg disgybl, at y prif offeiriaid er mwyn bradychu Iesu. Roedd Jwdas yn disgwyl y byddai ei feistr, o feddwl ei fod e'n Feseia, yn ymladd yn erbyn y Rhufeiniaid. Yn hytrach, roedd e wedi dod i mewn i Jerwsalem ar gefn ebol asyn, anifail a oedd yn symbol o heddwch. Yna, Pedr oedd yr un a wadodd Iesu drwy ddweud nad oedd e'n ei adnabod e, er iddo ddweud ychydig cyn hynny y byddai'n ei ddilyn i unrhyw le. Felly fe wadodd yntau Iesu deirgwaith – cyn i'r ceiliog ganu unwaith.

Fel pobl, dydyn ni ddim yn hoff o rai sy'n ein bradychu na'n gwadu ni chwaith. Does neb ohonon ni'n hoff o bobl sy'n troi eu cefnau arnom ac yn dweud nad ydyn nhw'n ein hadnabod a hynny pan fo angen eu cefnogaeth nhw arnon ni. Yn yr un modd, mae angen i bawb ohonom sicrhau ein bod ni'n osgoi gwadu a bradychu eraill, yn enwedig y rhai sy'n troi aton ni ar adegau.

Ar ôl i Iesu gynnal ei swper olaf gyda'i ddisgyblion, swper lle roedd y bara yn symbol o'i gorff a'r gwin yn symbol o'i waed, aeth yntau i ardd Gethsemane er mwyn cael tawelwch i weddïo. Yn yr ardd, gofynnodd i Dduw ei arbed – gan fynd â'r cwpan dioddefaint oddi wrtho. Yna dwedodd, 'Eithr nid yr hyn a fynnaf fi, ond yr hyn a fynni di.' Wrth ddweud hyn, roedd Iesu'n dangos dewrder yn wyneb yr hyn a oedd ar fin digwydd, sef bod y bobl yn dod i'w ddal a mynd ag ef ymaith. Fel pobl, mae gan fywyd ei anawsterau a'i ofidiau ac mae esiampl Iesu'n dangos y ffordd i ni fod yn gadarn yn wyneb treialon bywyd.

Yna, pan oedd Iesu ar y groes ar fryn Calfaria a phobl yn ei boeni ac yn ei watwar, ei eiriau oedd, 'O Dad, maddau iddynt, oherwydd ni wyddant beth y maent yn ei wneud.' Mae maddeuant yn hollbwysig yn ein byd ni y dyddiau hyn, er ei fod yn anodd ar adegau. Peth hawdd yw dweud wrth eraill am faddau; y gamp yw gwneud hynny ein hunain. Bydded i ni ddod o hyd i'r cryfder i faddau ac i geisio dileu creulondeb yn y byd.

O ystyried hyn i gyd mae angen i ni geisio bod yn fwy Crist debyg ym mhob peth a wnawn ac a ddwedwn. Bydded i ni gofio am neges fawr y Pasg, gan ddangos cariad a thosturi tuag at ein gilydd tra ar y ddaear hon.

GWEDDI'R PASG

Trown atat Ti, O Dduw, ar adeg y Pasg, i ddiolch am dy rodd werthfawr i'r byd a hynny ym mywyd Iesu Grist.

Ganwyd Crist mewn llety llwm a thrwy ei fywyd gwasanaethodd eraill drwy rannu o'i garedigrwydd. Cyflawnodd wyrthiau ymhlith ei bobl, gan wella golwg y deillion ac atgyfodi'r meirw. Drwy ei ddamhegion dysgodd Crist i eraill am deyrnas nefoedd, a'r pwysigrwydd o ddangos cariad a maddeuant er mwyn cael mynediad i'r deyrnas honno. Ar y groes, rhoddodd Iesu ei fywyd dros bechodau pobl a gwelwyd ei barodrwydd i feddwl am eraill ar bob adeg. Daeth y trydydd dydd a'r bedd gwag â'r gobaith o fywyd tragwyddol i bawb a gredai ynddo ac o gael byw ym mhresenoldeb parhaol yr Arglwydd.

Ar adeg pan fo neges fawr y Pasg yn atseinio yn ein clustiau, bydded i ni roi o'r neilltu unrhyw ddrwgdeimlad o dwyll a chasineb, o greulondeb a brad, ac atgoffa'n hunain o'r angen am garedigrwydd a thynerwch, am gariad a maddeuant.

Cofiwn am y bobl hynny a waeddai 'Hosanna' wrth i Iesu farchogaeth i mewn i Jerwsalem a'r ymdeimlad o lawenydd a mwynhad a brofwyd gan y rhai a oedd yn rhan o'r dorf. Cofiwn hefyd am y bobl a waeddodd 'Croeshoelier Ef'. Pâr i ni sylweddoli, felly, O Dduw, fod 'na beryglon yn gallu dod i'n rhan mewn tyrfa a bod angen i ni sefyll yn gadarn rhag cael ein harwain ar gyfeiliorn gan eraill.

Hefyd fe welodd Iesu dwyll ac anghyfiawder ymhlith y bobl a oedd yn y deml yn ystod yr Wythnos Fawr; twyll y cyfnewidwyr arian ac anghyfiawnder ymhlith y rhai a oedd yn gwerthu ebyrth i'r bobl. Boed i ti, O Arglwydd, ein cynorthwyo ninnau yn yr un modd i weld twyll pobl eraill ar adegau, ac i weithredu'n gadarnhaol er mwyn dileu annhegwch yn y byd.

Roedd esiampl y wraig a dywalltodd olew gwerthfawr ar ben ein Gwaredwr ym mhentre Bethania yn ennyn edmygedd Crist. Yn yr un modd, mae angen i ni gofio nad yw pethau fel caredigrwydd, tynerwch a bod yn feddylgar yn dod am ddim; gall gostio mewn amser neu anhwylustod. Eto, fe fydd y gost yn werth ei dioddef oherwydd bydd eraill yn elwa wrth i ni ddilyn esiampl Iesu Grist a gwneud ei ewyllys yn y byd.

Yn ôl yr hanes, cafodd Iesu ei fradychu gan Jwdas a'i wadu gan Pedr. Boed i ti, O Dduw, lanhau ein calonnau ni rhag unrhyw ymdeimlad o frad a bydded i ni sefyll yn gryf rhag gwadu unrhyw un ar unrhyw adeg. Gwna ni'n fwy gonest gyda'n teulu a'n ffrindiau ac i sefyll yn gadarn dros yr hyn rydyn ni'n credu ynddo.

Ar ddiwedd yr wythnos fawr, pan oedd Iesu ar y groes, dwedodd ei fod e'n maddau i'r rhai hynny a oedd yn ei wawdio. Bydded i ti, O Dduw, ein cynorthwyo ni i faddau i'r rhai hynny sydd weithiau'n codi yn ein herbyn, ac i geisio dileu creulondeb yn ein cymdeithas. Bydded i ni ddangos ysbryd maddeuant yn wyneb y casineb sydd yn ein byd.

Ni yw ei dystion, awn ymlaen â'i waith,
gan gyhoeddi'i enw ymhob gwlad ac iaith:
gobaith sydd yn Iesu i'r holl ddynol-ryw,
concrwr byd a'i bechod, y pencampwr yw.
Crist a orchfygodd fore'r trydydd dydd,
cododd ein Gwaredwr, daeth o'r rhwymau'n rhydd.

Amen.

GWEITHGAREDD GWNEUD/DATRYS
TAGXEDO MIS EBRILL

Ar gyfer y gweithgaredd hwn rhaid wrth gyfrifadur a sgrin yn y gwasanaeth.

Gweler y cyfarwyddiadau a roddwyd ym mis Chwefror ar sut i ffurfio Tagxedo.

Geiriau addas y gellir eu gosod yn y Tagxedo ar gyfer mis Ebrill yw:

Iesu Grist,	ebol,	marchogaeth,
Jerwsalem,	palmwydd,	Sul y Blodau,
twyll,	ffigysbren,	trethi,
Jwdas,	bradychu,	gwadu,
Pedr,	ceiliog,	Swper Olaf,
bara,	gwin,	croes,
Calfaria,	atgyfodi ...	

CYFLWYNIAD DRAMATIG Y PASG
(I rai yn eu harddegau)

Criw o blant ar ochr chwith y llwyfan, y lleill yn y canol a'r gweddill ar yr ochr dde.
Y rhai ar y chwith wedi'u gwisgo mewn dillad lliwgar ac yn cario blodyn/ blodau.

Person 1:   Mae cyfnod y Pasg yn gyfle i ni gofio am ymdaith fuddugoliaethus Crist i mewn i Jerwsalem.

Person 2:   'Pan ddaethant yn agos i Jerwsalem a chyrraedd Bethffage a Mynydd yr Olewydd, anfonodd Iesu ddau ddisgybl.'

Person 3:   Do – a gofynnodd iddyn nhw gael gafael ar ebol asyn fel y medrai ei farchogaeth.

Person 1:   Rhagfynegwyd hyn gan y proffwyd gynt – 'Wele dy frenin yn dod atat, yn ostyngedig ac yn marchogaeth ar asyn, ac ar ebol, llwdn anifail gwaith.'

Person 2:   Rhoddodd y disgyblion ddillad ar gefn yr asyn er mwyn gwneud y daith yn fwy cyfforddus i Iesu.

Person 3:   Dodwyd dillad hefyd ar hyd y ffordd a gosodwyd canghennau a dorrwyd ganddynt o'r coed palmwydd yno.

Person 1:   Cafodd Iesu groeso brenhinol wrth iddo fynd i mewn i Jerwsalem.

Person 2:   Roedd pawb mor llawen ac yn ei gyfarch gyda'r geiriau, 'Hosanna i Fab Dafydd.'

Person 3:   Gan ychwanegu, 'Bendigedig yw'r un sy'n dod yn enw'r Arglwydd.'

Person 1, 2, a 3:Ie, Hosanna yn y goruchaf.

Pawb sydd ar y chwith yn cyd-lefaru:

YMDAITH I JERWSALEM *(gan D. Elwyn Davies)*

Yr oedd Iesu'n agos iawn
I'r Ddinas Sanctaidd, ddedwydd;
Arhosodd ym Methffage dref,
Wrth fynydd yr Olewydd.

Anfonodd Iesu ddau o'i wŷr
I'r pentref oedd gyferbyn
I nôl yr asen oedd yn rhwym,
A chyda hi ebolyn.

Os gwnaethai rhywun herio'r ddau
A gwrthod rhoi yr asen,
Yr oeddent hwy i ddweud fel hyn:
"Y Meistr sydd ei hangen."

A'r weithred hon a wnaethant er
Gwireddu'r broffwydoliaeth:
"Dy frenin ddaw, O, Seion Ferch,
Yn addfwyn, gan farchogaeth."

Rhoes torf eu mentyll ar y ffordd,
A changau o'r olewydd;
A Iesu aeth ymlaen yn sŵn
"Hosanna i Fab Dafydd."

Cyrhaeddodd ef Jerwsalem,
A'r dyrfa yn cynhyrfu,
Ar ôl i rywun ddweud, "Mi wn
Mai hwn yw'r Proffwyd Iesu."

Troi at y criw sydd yn y canol wedi'u gwisgo mewn dillad du. Rhai ohonyn nhw'n cario croesau bychain wedi'u gwneud o bren y balmwydden.

PAWB: 'Wrth fynd allan daethant ar draws dyn o Cyrene o'r enw Simon, a gorfodi hwnnw i gario ei groes ef.'

Llais 1: Fe ddaethon nhw i le o'r enw Golgotha sy'n golygu 'Lle Penglog'.

Llais 2: Rhoion nhw win oedd wedi'i gymysgu gyda bustl iddo ond roedd e'n blasu'n chwerw iawn.

Llais 3: Cafodd Iesu ei groeshoelio gan y bobl, ac yna rhannwyd ei ddillad drwy fwrw coelbren.

Llais 4: Roedden nhw wedi gosod coron o ddrain ar ei ben a'r geiriau 'Hwn yw Iesu, Brenin yr Iddewon'.

Llais 1: Roedd dau arall yn cael eu croeshoelio yr un pryd â Iesu; lladron oedden nhw.

Llais 2: Un ar yr ochr chwith iddo a'r llall ar yr ochr dde.

Llais 3: Roedd rhai o'r bobl yn ei wawdio.

Llais 4: Ac yn dweud, 'Ti sydd am fwrw'r deml i lawr a'i hadeiladu mewn tridiau, achub dy hun.'

Llais 1: Clywyd y geiriau, 'Os Mab Duw wyt ti, disgyn oddi ar y groes.'

Llais 3: 'Mae e wedi achub eraill,' medden nhw, 'all e ddim achub ei hunan.'

Llais 4: Ac roedden nhw'n ei herio i ddisgyn o'r groes hyd yn oed.

Llais 1:   Yna – daeth tywyllwch dros yr holl wlad.

Llais 2:   O ganol dydd tan dri o'r gloch y prynhawn.

Llais 3:   Am dri o'r gloch, gwaeddodd Iesu –
                'Eli,Eli, lema sabachthani.'

Llais 4:   O glywed hyn, roedd rhai yn dweud ei fod e'n galw ar
                Elias.

Llais 1:   Rhedodd rhywun ato a chynnig ysbwng iddo. Roedd
                hwnnw wedi'i lenwi â gwin sur a'i ddodi ar flaen
                gwialen.

Llais 2:   Roedd gweddill y bobl yn dweud, 'Gadewch i ni weld a
                ddaw Elias i'w achub.'

Llais 3:   Yna, ar ôl rhoi gwaedd, bu Iesu farw.

Llais 4:   Rhwygodd llen y deml o'r top i'r gwaelod.

Llais 1:   Siglodd y ddaear.

Llais 2:   A holltwyd y creigiau.

Llais 3:   Agorodd y beddau.

Llais 4:   Cyfodwyd cyrff llawer o'r saint.

Llais 1:   Dwedodd canwriad ynghyd â'r rhai oedd gydag ef mai
                Mab Duw oedd Iesu.

Llais 2:   Roedd llawer o wragedd yn edrych o bell.

Llais 3:   Mair Magdalen a Mair mam Iago a Joseff oedd dwy
                ohonyn nhw.

Llais 4:   Roedd mam meibion Sebedeus yn eu plith nhw hefyd.

PAWB *o'r criw sydd yn y canol yn cyd-lefaru:*

MARWOLAETH IESU *(gan D. Elwyn Davies)*

Daeth tywyllwch mawr dros lesni yr awyr,
A Iesu, am dri, a lefodd o'i wewyr:
"Paham, O fy Nuw, y gadewaist fi'n ango'?"
A chredodd rhai mai Elias oedd yno.

(Y rhai sydd ar ochr chwith y criw):
Rhoes Iesu drachefn un waedd, ac fe hunodd,
A llen y Deml, drwy'r canol, a rwygodd;

(Y rhai ar ochr dde'r criw):
Siglwyd y ddaear a holltwyd y creigiau,
Bu daeargryn mawr, agorwyd y beddau;

(PAWB *o'r criw yn y canol):*
A'r Canwriad, wrth weld y pethau hynny,
A ofnodd, gan ddweud, "Mab Duw ydoedd Iesu."

Troi at y criw ar y dde mewn dillad gwyn. Rhai ohonyn nhw'n cario wyau Pasg.

PAWB *(o'r criw sy ar y dde):*
    'Ar ôl y Saboth, a dydd cyntaf yr wythnos ar wawrio,
    daeth Mair Magdalen a'r Fair arall i edrych ar y bedd.'

Aelod 1:   Bu daeargryn a daeth angel yr Arglwydd i lawr o'r nef
             gan fynd at y maen a'i dreiglo i ffwrdd, ac eistedd yn y
             fan a'r lle.

Aelod 2:   Roedd yn edrych yn wyllt fel mellten a'i ddillad yn wyn
             fel yr eira.

Aelod 3: Cafodd y gwarchodwyr gymaint o ofn nes eu bod nhw'n methu'n deg â chyffro o'r fan.

Aelod 4: Ond meddai'r angel wrth y gwragedd, 'Peidiwch chwi ag ofni. Gwn mai ceisio Iesu, a groeshoeliwyd, yr ydych.'

Aelod 1: 'Nid yw ef yma,' meddai, 'oherwydd y mae wedi'i gyfodi oddi wrth y meirw'

Aelod 2: 'ac yn awr y mae'n mynd o'ch blaen chwi i Galilea; yno y gwelwch ef.'

Aelod 3: Aeth y gwragedd ar unwaith o lan y bedd –

Aelod 4: – yn gymysg eu teimladau – yn llawn ofn a llawenydd.

Aelod 1: Aethon nhw i ddweud wrth y disgyblion.

Aelod 2: Ar ôl hyn, daeth Iesu i'w cyfarfod

Aelod 3: gan ddweud 'Henffych well' wrthyn nhw.

Aelod 4: Gafaelodd llawer yn ei draed a dechrau ei addoli.

PAWB *(o'r rhai sydd ar y dde):*
Yna meddai Iesu wrthynt, 'Peidiwch ag ofni; ewch a dwedwch wrth fy mrodyr am fynd i Galilea, ac yno fe'm gwelant i.'

PAWB *(o'r criw sydd ar y dde) yn cyd-lefaru:*

ATGYFODIAD IESU *(gan D. Elwyn Davies)*

Y Saboth a wawriodd,
A'r gwragedd ddychwelodd
At ei fedd lle gallent alaru;
Ond, hwy welsant yno
Y maen wedi'i dreiglo,
A'r bedd yn wag drwyddo, heb Iesu.

Ac angel ddaeth yno
A'i wisg yn disgleirio,
Gan ddwedyd, "Nawr, peidiwch ag ofni,
Ond ewch ar eich hunion
A'r gair i'r disgyblion
Fod Iesu Grist wedi cyfodi."

PAWB *(sydd ar y llwyfan)* i gamu ymlaen a chyd-lefaru:

Crist a orchfygodd fore'r trydydd dydd,
cododd ein Gwaredwr, daeth o'r rhwymau'n rhydd:
gwisgoedd ei ogoniant sydd yn ddisglair iawn,
wedi gweld ei harddwch ninnau lawenhawn.

UNIGOLYN:
Crist a orchfygodd fore'r trydydd dydd,
cododd ein Gwaredwr, daeth o'r rhwymau'n rhydd.

YMSON JWDAS
(Gellir cyflwyno'r ymson yn nhafodiaith yr ardal)

Jwdas ydw i – un o ddisgyblion Iesu. Fy enw llawn yw Jwdas Iscariot am mai Simon Iscariot oedd enw fy nhad. Roedd deuddeg o ddisgyblion gan Grist i gyd; deuddeg ohonon ni a oedd wedi bod yn ei ddilyn e ers iddo ddechrau pregethu.

Roeddwn i wedi bod yn ei gwmni ers tipyn o amser, yn gwrando ar ei ddamhegion – damhegion oedd yn sôn am deyrnas nefoedd. Roeddwn i'n hoff o wrando arno'n adrodd am y mab a aeth i ffwrdd a gwario holl arian ei dad, a'r tad yn ei dderbyn e adre'n llawen gan faddau popeth iddo. Roeddwn i'n hoff o'i weld e'n cyflawni gwyrthiau hefyd – yn troi'r dŵr yn win a dod â phobl yn ôl yn fyw. Roedd e fel dewin.

Wedyn, roedd Iesu wedi danfon y deuddeg ohonon ni allan ar hyd y lle, gan roi'r gallu i ni bregethu'r gair. Roeddwn i wrth fy modd yn ei ddilyn e achos roedd pobl yn ein hedmygu ninnau hefyd. Roedden nhw'n meddwl ein bod ni'n gallu gwneud rhyfeddodau ac roedd bod yn un o'r deuddeg yn dod â ni i sylw pawb a oedd yn gwrando arnom.

Er hyn, roeddwn i'n ei chael hi'n anodd credu taw Iesu oedd y Meseia a'i fod e'n perthyn i Dduw. I fi, fe oedd yr athro – y Rabbi; doedd hi ddim yn hawdd i mi ei alw yn 'Arglwydd'.

Roedd rhai o'r disgyblion yn datgan eu ffydd a'u teyrngarwch iddo, ond roedd hi'n well gen i fod yn dawel. A dweud y gwir, roeddwn i'n ei chael hi'n anodd cydnabod Iesu fel ymgnawdoliad o Dduw a bod ganddo'r gallu i faddau pechodau.

Dw i'n cofio Mair yn dod ag ennaint gwerthfawr ac yna'n eneinio traed Iesu ac yn eu sychu â'i gwallt. Roeddwn i'n meddwl mai gwastraff arian oedd hyn; wedi'r cwbl roedd yr ennaint yn werth tri chant o ddarnau arian. Byddai'n well petai'r arian wedi cael ei roi i helpu'r tlodion.

Ond doedd Iesu ddim yn fodlon gyda'r hyn ddwedais i. Yn hytrach fe ddwedodd e fod y tlodion gyda ni drwy'r amser ond na fyddai yntau.

Ar y pryd, doeddwn i ddim yn siŵr pam roedd e'n dweud y fath beth, ond erbyn hyn dw i'n deall yn glir.

Wedyn, pan oedd y deuddeg ohonon ni'n dathlu gwledd y Pasg gyda'n gilydd, fe rannodd Iesu'r bara a'r cwpan gwin a oedd yn symbolau, meddai, o'i gorff a'i waed. Yna, fe ddwedodd e y byddai un ohonon ni'n ei fradychu, un a oedd yn gwlychu ei law gydag ef yn y ddysgl. Pan ddwedais i, 'Nid myfi yw, Rabbi?' atebodd Iesu mai fi a ddwedodd hynny.

Fi sy yng ngofal y cwdyn arian – arian sy'n cael ei roi i ni wrth i ni fynd o un man i'r llall. Dw i'n mwynhau'r cyfrifoldeb, gan 'mod i'n un sy'n hoff o drin arian. Mae rhai yn genfigennus ohona i ac yn dweud 'mod i'n cadw peth o'r arian i mi fy hun; dyw hynny ddim yn wir.

Cofiwch, roeddwn i'n meddwl, yr un fath â phobl eraill, y byddai'r Meseia'n gorchfygu'r Rhufeiniaid ac y byddai yntau'n rheoli yn eu lle. Ond nid felly y bu hi. Yn hytrach, roedd e'n sôn am ei farwolaeth.

Dyna pam y penderfynais i fradychu Iesu. Ces i ddeg darn ar hugain o arian am wneud hynny gan yr awdurdodau crefyddol. Ar ôl cael swper gyda'r disgyblion, aeth yntau i weddïo yng Ngardd Gethsemane. Dyna lle'r arweiniais i'r milwyr ato fel y medren nhw ei ddal e. Penderfynais i roi cusan ar ei foch, er mwyn iddyn nhw wybod pa un oedd Iesu.

Bellach, mae Iesu wedi cael ei groeshoelio ar Golgotha, sef 'Lle'r Benglog'. O ganol dydd, daeth tywyllwch dros y wlad tan dri o'r gloch y prynhawn, pan waeddodd yntau ar ei Arglwydd a gofyn pam roedd e wedi'i adael. Rhwygodd llen y deml a siglodd y ddaear. Cafodd y beddau eu hagor a dwedodd y canwriad, er syndod, mai Mab Duw ydoedd Iesu.

Erbyn hyn, dw i'n teimlo'n ofnadwy am yr hyn a ddigwyddodd a 'mod i wedi bod yn gyfrifol am farwolaeth dyn diniwed. Byddai'n dda gen i fedru newid pethau a bod heb yr hen arian yma. Wedi'r cwbl, hebddo i fe fyddai Iesu'n dal yn fyw.

DARLLENIADAU ADDAS AR GYFER Y PASG
Rhannu'r adnodau rhwng gwahanol gymeriadau

YR YMDAITH FUDDUGOLIAETHUS I MEWN I JERWSALEM
Mathew Pennod 21 Adnodau 1-11

Llefarydd: Adnodau 1-2 (dechrau)

Iesu: Adnod 2 (diwedd) -3

Llefarydd: Adnod 4

Proffwyd: Adnod 5

Llefarydd: Adnodau 6-9 (dechrau)

Y Dyrfa: Adnod 9 (diwedd)

Llefarydd: Adnod 10 (dechrau)

Y Bobl: Adnod 10 (diwedd)

Llefarydd: Adnod 11 (dechrau)

Y Dyrfa: Adnod 11 (diwedd)

CROESHOELIO IESU
Mathew Pennod 27 Adnodau 32–44

Llefarydd: Adnodau 32–40 (dechrau)

Y Cablwyr: Adnod 40 (diwedd)

Llefarydd: Adnod 41

Y Gwatwarwyr:Adnodau 42–43

Llefarydd: Adnod 44

MARWOLAETH IESU
Mathew Pennod 27 Adnodau 45–56

Llefarydd: Adnodau 45–46 (dechrau)

Iesu: Adnod 46 (geiriau Iesu)

Llefarydd: Adnod 46 ('hynny yw' – i'r diwedd)

Llefarydd: Adnod 47 (dechrau)

Rhai yn sefyll: Adnod 47 (diwedd)

Llefarydd: Adnodau 48–49 (dechrau)

Y Lleill: Adnod 49 (diwedd)

Llefarydd: Adnodau 50–54 (dechrau)

Gwylwyr wrth y Groes: Adnod 54 (diwedd)

Llefarydd: Adnodau 55–56

ATGYFODIAD IESU
Mathew Pennod 28 Adnodau 1–10

Llefarydd: Adnodau 1–5 (dechrau)

Yr Angel: Adnod 5 (diwedd tan adnod 7)

Llefarydd: Adnodau 8–9 (dechrau)

Iesu: Adnod 9 (canol – 'Henffych well')

Llefarydd: Adnod 9 (diwedd) – 10 (dechrau)

Iesu: Adnod 10 (diwedd)

CWIS Y PASG

Sawl disgybl anfonodd Iesu i nôl yr asen a'r ebol?
(2)

Pa ddau beth a daenwyd ar hyd y ffordd?
(Mentyll/dillad a phalmwydd)

Roedd y bobl yn gweiddi 'Hosanna i Fab' pwy?
(Dafydd)

Yn Swper yr Arglwydd, beth oedd yn symbol o gorff Iesu?
(Bara)

Yn y Swper beth oedd y gwin yn symboleiddio?
(Gwaed Iesu)

Ar ôl bwyta'r Swper, i ba fynydd aeth Iesu a'i ddisgyblion?
(Olewydd)

Gan bwy y bradychwyd Iesu?
(Jwdas)

Sut bradychodd yntau Iesu?
(Â chusan)

Pwy oedd y person a wadodd Iesu?
(Pedr)

Sawl gwaith y gwadwyd Iesu?
(Tair gwaith)

Beth glywyd yn canu ar ôl i Iesu gael ei wadu?
(Y ceiliog)

Pwy gafodd ei orfodi i gario croes Iesu?
(Simon o Cyrene)

Beth yw ystyr 'Golgotha'?
(Lle Penglog)

Beth a gymysgwyd gyda'r gwin a roddwyd i Iesu ar y groes?
(Bustl/gwin sur)

Am sawl awr y bu tywyllwch ar y ddaear cyn marwolaeth Iesu?
(Tair awr)

Beth yw ystyr 'Eli, Eli, lema sabachthani'?
(Fy Nuw, Fy Nuw, pam yr wyt wedi fy ngadael?)

Ar ba broffwyd roedd y bobl yn dweud fod Iesu'n galw?
(Elias)

Beth ddigwyddodd i len y deml ar farwolaeth Iesu?
(Cafodd ei rhwygo)

Pwy ddwedodd 'Yn wir, Mab Duw oedd hwn'?
(Y canwriad a'r rhai oedd gydag ef)

Pwy ddaeth i edrych ar fedd Iesu ar ddydd cyntaf yr wythnos?
(Mair Magdalen a'r Fair arall)

CREU PWERBWYNT Y PASG
(I gyd-fynd â'r darlleniadau)

Angen cyfrifiadur â system 'powerpoint' a sgrin ar gyfer y gweithgaredd hwn. Bydd angen chwilio am luniau addas ar y we.

YR YMDAITH FUDDUGOLIAETHUS I MEWN I JERWSALEM
Efengyl Mathew Pennod 21 Adnodau 1–11

Llun o asen ac ebol, a'r geiriau 'Ewch i'r pentref sydd gyferbyn â chwi, ac yn syth fe gewch asen wedi ei rhwymo, ac ebol gyda hi. Gollyngwch hwy a dewch â hwy ataf.'

Llun o ffordd gyda mentyll a changhennau arni, a'r geiriau 'Taenodd tyrfa fawr iawn eu mentyll ar y ffordd, ac yr oedd eraill yn torri canghennau o'r coed ac yn eu taenu ar y ffordd.'

Llun o Iesu yn eistedd ar gefn ebol asyn, a'r geiriau 'Hosanna i Fab Dafydd! Bendigedig yw'r un sy'n dod yn enw'r Arglwydd.'

CROESHOELIO IESU
Efengyl Mathew Pennod 27 Adnodau 32–44

Llun o Simon o Cyrene yn cario croes Crist, a'r geiriau 'Wrth fynd allan daethant ar draws dyn o Cyrene o'r enw Simon, a gorfodi hwnnw i gario ei groes ef.'

Llun o Iesu ar groes, a'r geiriau 'Hwn yw Iesu, Brenin yr Iddewon.'

Llun o bobl yn mynd heibio tair croes, a'r geiriau 'Ti sydd am fwrw'r deml i lawr a'i hadeiladu mewn tridiau, achub dy hun, os Mab Duw wyt ti, a disgyn oddi ar y groes.'

MARWOLAETH IESU
Efengyl Mathew 27 Adnodau 45–56

Llun o Iesu ar y groes, a'r geiriau 'Eli, Eli, lema sabachthani.'

Llun o rywun yn cynnig ysbwng wedi'i lenwi â gwin sur ar flaen gwialen i Iesu, a'r geiriau 'Ar unwaith fe redodd un ohonynt a chymryd ysbwng a'i lenwi â gwin sur a'i ddodi ar flaen gwialen a'i gynnig iddo i'w yfed.'

Llun o ganwriad, a'r geiriau 'Yn wir, Mab Duw oedd hwn.'

ATGYFODIAD IESU
Efengyl Mathew 28 Adnodau 1–10

Llun o angel wrth fedd Iesu, a'r geiriau 'Daeth angel yr Arglwydd i lawr o'r nef, ac aeth at y maen a'i dreiglo i ffwrdd ac eistedd arno.'

Llun o wragedd (ac angel) wrth fedd Iesu, a'r geiriau 'Nid yw ef yma, oherwydd y mae wedi ei gyfodi.'

Llun o Iesu'n cyfarfod â'r gwragedd ar ôl iddo atgyfodi, a'r geiriau 'Peidiwch ag ofni; ewch a dywedwch wrth fy mrodyr am fynd i Galilea, ac yno fe'm gwelant i.'

MIS MAI

<><><><><><><><><><><><><><><><><><><><><><><><><><><><><><><><><><>

CÂN WYTHNOS CYMORTH CRISTNOGOL
(Alaw – 'Hei Mistar Urdd')

CYTGAN   Dewch bawb ynghyd i gyfrannu'n hael o hyd,
Rhowch arian nawr i helpu'r rhai llai ffodus;
Cymorth Cristnogol sy'n gofyn am rodd
I godi'r galon drist a'i gwneud yn hapus.

Eleni eto ym mis Mai mae cyfle i chi roi,
A gwella cyflwr nifer yn ein byd;
Cofiwn rannu cariad Crist i bawb yn ddiwahân,
A llawen ddyddiau i bob un ynghyd.

Fe welwn dlodion sydd yn dioddef o ran diffyg maeth
A newyn mawr yn llethu ar bob llaw,
Prinder bwyd mewn gwledydd pell a rhai yn colli'r dydd,
A galar yn y dagrau chwerw ddaw.

Gofynnwn felly am eich rhodd eleni eto'n wir,
Er mwyn ein cyd-ddyn – brawd i chi a mi,
Cymorth parod ar y llawr gan gofio cariad Crist,
A diolch am yr un a'n prynodd ni.

EMYN MIS MAI

(Alaw – 'Ymdeithgan Yr Urdd')

Rhoddwn Gymorth Cristnogol ac ewyllys da sydd fawr,
Rhaid yw cofio am y rhai newynog ar y llawr,
Ceisiwn roi yn hael o hyd
I'r llai ffodus yn ein byd,
Rhannwn gariad Crist ynghyd –
Ym mis Mai.

CYTGAN   Dewch nawr â rhodd,
                    Rhowch wrth eich bodd,
                    Dyma gyfle i chi rannu ynghyd;
                    Yn enw'r Iôr, canwn fel côr,
                    'Wyllys da i bawb yn ein byd.

Pan edrychwn o'n cwmpas gwelwn drallod ar bob llaw,
Plant heb fwyd, heb wybod am ba beth yfory ddaw,
Angen rhannu cariad Crist,
Fel bod neb yn teimlo'n drist;
I ddaioni byddwn dyst –
Ym mis Mai.

RAP WYTHNOS CYMORTH CRISTNOGOL

Ym mis Mai rhown gymorth hael
I'r rhai sydd yn dlawd a gwael.

Fel Cristnogion gwnawn ein rhan,
Cynorthwyo ym mhob man.

Newyn sydd mewn gwledydd pell,
Ceisiwn roddi bywyd gwell.

I'r anffodus yn ein byd,
Rhannwn gariad Crist o hyd.

Argyfyngau'n sydyn ddaw,
Angen i ni roi help llaw.

Y digartref heb ddim to,
Rhoddwn gymorth yn ein tro.

Prinder dŵr a sychder mawr,
Cyrff yn gelain ar y llawr.

Plannwn wên mewn calon drist,
Cymorth rown yn enw Crist.

TRIBANNAU WYTHNOS CYMORTH CRISTNOGOL

Mis Mai a ddaw'n flynyddol,
Rhown gymorth sy'n Gristnogol
I'r rhai mewn trallod yn ein byd,
Gan ddod ynghyd fel pobol.

Mae sychder mawr yn poeni
Trigolion pell o Gymru,
Y tir yn grimp fel llychlyd baith,
Dim dŵr ychwaith i'w lyncu.

Newynu y mae llawer,
A phrinder bwyd i nifer,
Eu camre wedi mynd ar goll
A'u bywyd oll yn bryder.

Mae rhai heb gartref beunydd
Er garw ydyw'r tywydd,
Mewn bocsys gwag cânt gwsg ar stryd,
Ynghanol byd cywilydd.

Rhowch felly'n hael o'ch arian
I gynorthwyo'r truan,
Mae cariad Crist mewn rhoddwr hael
Sy'n gwella'r gwael o'i anian.

CERDD EWYLLYS DA

Cyfarchion o ewyllys da i bawb
A rannwn o'n hawddgarwch i bob un,
Y tlodion a'r rhai unig ar eu hynt –
O'u cwmpas, deued cariad Duw ei hun.
Mewn byd o dlodi, rhoddwn ninnau'n hael
I wella cyflwr eraill yn ein byd,
A lle bo newyn mawr a diffyg bwyd,
Doed cymorth parod iddynt ar ei hyd.

Mae gennym ninnau oll gartrefi clyd,
Cypyrddau llawn o fwydydd teg eu maeth,
Yr 'I-pad' drud a'r ffôn symudol hoff,
A chyfrifiadur sy'n ein cadw'n gaeth.

Dwysbiga Di'n cydwybod Arglwydd Mawr
I roi o'n 'Wyllys Da i blant y llawr.

TARSIA MIS MAI
(Gweithgaredd Cyfrifiadurol)

Cyfarwyddiadau gwreiddiol gyda deunyddiau gwasanaeth mis Ionawr.

Dyma enghraifft o 16 o gwestiynau/geiriau/brawddegau/atebion posibl er mwyn creu Tarsia mis Mai (os oes angen paratoi un o flaen llaw). Os gwneir y Tarsia yn y gwasanaeth, gall y plant a'r oedolion fwydo eu cwestiynau/atebion eu hunain ar y pryd.

Cymorth Cristnogol / Elusen i helpu'r llai ffodus
Yr ail wythnos o Fai / Wythnos Cymorth Cristnogol
Nod Cymorth Cristnogol / Cynorthwyo'r llai ffodus
Blwyddyn dechreuad Cymorth Cristnogol / 1945
Dechreuwyd gan 'Cymorth Cristnogol' / Masnach Deg
Nifer y gwledydd lle mae Cymorth Cristnogol yn gweithio ynddynt / 45
Lleoliad y gwledydd yn y byd lle mae Cymorth Cristnogol yn gweithio ynddynt / Yn y de
Cymorth argyfwng / Cymorth brys
Cymorth hirdymor / Prosiectau sy'n cynnwys ffermio, gofal iechyd a darparu dŵr glân
Casglu arian mewn amlenni o ddrws i ddrws / Digwyddiad yn ystod Wythnos Cymorth Cristnogol
Neges Ewyllys Da / Mai 18
Urdd Gobaith Cymru / Ffyddlondeb i Gymru, Cyd-ddyn a Christ
Sefydlydd Urdd Gobaith Cymru / Ifan ab Owen Edwards
Mehefin 28, 1922 / Anfonwyd y Neges Ewyllys Da Gyntaf
Y Parch. Gwilym Davies / Sefydlydd Neges Heddwch ac Ewyllys Da
Neges Ewyllys Da / Anfonir gan bobl ifanc Cymru i bobl y byd

CYFLWYNIAD DRAMATIG MIS MAI

Tri grŵp o blant – rhai ar y chwith, lleill ar y dde a'r gweddill yn y canol.

(O blith y criw o blant sy'n sefyll ar yr ochr chwith):

Person 1:   Gwn ei ddyfod, fis y mêl,
              Gyda'i firi, gyda'i flodau.

Person 2:   Geiriau Eifion Wyn yn canu clodydd i fis Mai.

Person 3:   Yr adeg hon o'r flwyddyn, mae'r wlad yn edrych mor
              brydferth a chyfle i ninnau ddiolch i Dduw am
              harddwch y byd.

Person 4:   Dwedodd T.H.Parry-Williams yn ei gerdd sy'n sôn am
              Gymru –
              Ac mi glywaf grafangau Cymru'n dirdynnu fy mron,
              Duw a'm gwaredo, ni allaf ddianc rhag hon.

Person 5:   Mae'r iaith Gymraeg yn perthyn i 'hon' ac fe ddylem
              ymfalchïo ein bod ni'n gallu ei siarad hi ar bob adeg.

Person 6:   Mae gan Gymru ei diwylliant hefyd – diwylliant sy'n ei
              amlygu ei hun, yr adeg hon o'r flwyddyn, yn Eisteddfod
              Fawr yr Urdd.

Person 7:   Ie – y canu a'r llefaru, y dawnsio a'r llenydda, byd y
              ddrama a'r chwaraeon a llawer mwy.

PAWB *(o'r criw ar y chwith):*
              Dros Gymru'n gwlad, O Dad, dyrchafwn gri,
              y winllan wen a roed i'n gofal ni;
              d'amddiffyn cryf a'i cadwo'n ffyddlon byth,
              a boed i'r gwir a'r glân gael ynddi nyth;
              er mwyn dy Fab a'i prynodd iddo'i hun,
              O crea hi yn Gymru ar dy lun.

(O blith y criw o blant sy'n sefyll ar yr ochr dde):

Llais 1:   Mis Mai yw'r cyfnod pan fo 'Wythnos Cymorth
             Cristnogol' yn cael ei chynnal.

Llais 2:   A chyfle i ni gofio am ein ffyddlondeb tuag at ein cyd-
             ddynion – yn ôl arwyddair mudiad yr Urdd.

Llais 3:   Cofiwn am deulu, cymdogion a ffrindiau; pobl ein
             milltir sgwâr.

Llais 4:   Cofiwn am ein cyd-Gymry hefyd, yn enwedig y rhai
             sy'n ddigartref ac yn byw allan ar y strydoedd.

Llais 5:   Cofiwn am y bobl hynny ar lawr byd-eang sy'n byw
             mewn tlodi.

Llais 6:   Y rhai sy'n marw oherwydd prinder bwyd.

Llais 7:   Y rhai sy'n byw dan orthrwm rhyfel a chasineb dynion.

PAWB *(o'r rhai sydd ar y dde):*
             Agor di ein llygaid, Arglwydd,
             i weld angen mawr y byd,
             gweld y gofyn sy'n ein hymyl,
             gweld y dioddef draw o hyd:
             maddau inni bob dallineb
             sydd yn rhwystro grym dy ras,
             a'r anghofrwydd sy'n ein llethu
             wrth fwynhau ein bywyd bras.

(Troi at y criw o blant sy'n sefyll yn y canol.)

Aelod 1:   Mae trydydd cymal arwyddair yr Urdd yn sôn am
             ffyddlondeb tuag at Grist.

Aelod 2:   Pan ro'n ni'n blant bach fe ddysgon ni emyn W. O.

Evans sy'n sôn am Iesu Tirion.

PAWB *(o'r criw sy ar ganol y llwyfan):*

> Iesu tirion, gwêl yn awr
> blentyn bach yn plygu i lawr:
> wrth fy ngwendid trugarha,
> paid â'm gwrthod, Iesu da.

Aelod 3:   Roedd Iesu yn esiampl i ni o berson gwylaidd, un a
           anwyd yn llety'r anifail.

Aelod 4:   Ac un a oedd yn barod i weini ar eraill – hyd yn oed
           wrth olchi traed ei ddisgyblion, gwaith a arferai gael ei
           wneud gan was.

Aelod 5:   Cofiwn am gariad Crist – y cariad a fynegodd o'r crud
           i'r groes.

Aelod 6:   Ceisiwn ninnau ddilyn ei esiampl ym mhob gair a
           gweithred o'n heiddo, gan fynegi ewyllys da tuag at
           eraill.

Aelod 7:   Ac i fod yn genhadon dros Grist ym mhob peth a
           ddwedwn ac a wnawn.

PAWB *(y tri grŵp i gyd-lefaru emyn W. Rhys Nicholas):*

> Dysg imi garu Cymru,
> ei thir a'i broydd mwyn,
> rho help im fod yn ffyddlon
> bob amser er ei mwyn;
> O dysg i mi drysori
> ei hiaith a'i llên a'i chân
> fel na bo dim yn llygru
> yr etifeddiaeth lân.

Dysg imi garu cyd-ddyn
heb gadw dim yn ôl,
heb ildio i amheuon
nac unrhyw ysbryd ffôl;
wrth imi gofio eraill
rho im ewyllys dda
a chalon fydd yn eirias
dros bopeth a'u llesâ.

(Pawb yn symud i ffwrdd yn ara' deg wrth adrodd ail hanner y trydydd pennill.)

Dysg imi garu'r Iesu
a'i ddilyn ef o hyd
gan roi fy mywyd iddo,
Gwaredwr mawr y byd;
goleued ei wirionedd
fy meddwl i a'm dawn,
doed ysbryd ei anturiaeth
i'm bywyd i yn llawn.

MONOLOG CASGLWR CYMORTH CRISTNOGOL

(Plentyn yn cerdded i mewn gan gario blwch casglu Cymorth Cristnogol ac yn gwisgo sticeri'r elusen ar ei dd/dillad. Poster Cymorth Crisnogol wedi'i osod i fyny.).

O, mae 'nhraed i'n dechrau blino ychydig erbyn hyn. Dw i wedi bod yn sefyll yma ers rhyw ddwy awr bellach. Does dim llawer o bobl yn y dre eto, ond mae ambell un wedi bod yn eithaf hael wrth roi i'r achos. Eraill wedyn wedi cerdded heibio heb edrych arna i o gwbl, fel petawn i ddim yn bodoli. Dyna ryfedd y mae rhai pobl yn gallu bod.

Do, fe godais i'n gynnar bore 'ma. Ro'n i wedi addo i Mrs Jones, Arolygwr yr Ysgol Sul, y baswn i'n dod i sgwâr y dre i gasglu arian gan ei bod hi'n Wythnos Cymorth Cristnogol.

Cofiwch, ces i 'nhemtio i aros yn y gwely. Wedi'r cwbl dydd Sadwrn yw hi ac mae'r rhan fwyaf o'm ffrindiau i heb feddwl am godi eto, siŵr o fod. Hwyrach eu bod nhw'n dal i eistedd yn y gwely, yn edrych ar ryw raglen deledu. Ond, roedd rhaid i fi ddod fan hyn.

Mae meddwl am y plant bach 'na sy'n byw mewn gwledydd pell, heb fawr ddim arian na bwyd, yn gwneud i fi deimlo cywilydd ambell waith. Dw i'n gw'bod 'mod i a'n ffrindiau'n cwyno'n aml – cwyno am nad ydym yn gallu cael y ffôn symudol diweddara neu I-pad newydd – tra bod plant bach eraill heb fwyd na tho uwch eu pennau.

Tybed a wnaiff y fenyw grand yma roi rhywbeth yn y blwch casglu? Dw i'n siŵr bod ganddi ddigon o arian.

(Y plentyn yn estyn y blwch casglu allan o'i flaen.)

Wythnos Cymorth Cristnogol. Rhowch yn hael i drueiniad y byd. *(Mewn ychydig yn tynnu ei freichiau/breichiau yn ôl.)*

Hy, dim digon o arian gyda hi heddi' wir. Dw i'n siŵr bod ganddi ddigon yn sbâr ar gyfer popeth y mae hi eisiau'i brynu yn y dre.

O, dacw rai o fechgyn *(merched)* blwyddyn saith. Maen nhw wedi codi'n fore hefyd. Yn ôl eu gwisg, maen nhw'n mynd i chwarae gêm o rygbi (hoci) yn rhywle.

Wythnos Cymorth Cristnogol. Cyfnod Ewyllys Da. *(yn estyn y blwch allan unwaith eto)*

O, diolch yn fawr i chi. *(gan roi gwên enfawr)*

'Pob lwc yn y gêm heddi'; gobeithio wnewch chi ennill.' *(yn tynnu'r breichiau a'r blwch yn ôl)*

Fe welon ni DVD yn y 'Clwb Chwech' wythnos diwetha; sôn am blant lle roedd daeargryn wedi chwalu eu cartrefi a rhai ohonyn nhw wedi colli eu rhieni, brodyr neu chwiorydd o dan y rwbel. Druan â nhw. Dw i'n ffodus 'mod i'n byw yma yng Nghymru.

Mae'r dyn bach yma sy'n dod heibio yn edrych yn reit dlawd; siaced braidd yn hen ffasiwn amdano fe, ac mae'r sgidiau yna am ei draed ymhell o fod yn fodern. Ta waeth, fe ro i gynnig arni. Cymorth Cristnogol. Rhywbeth bach i helpu'r llai ffodus. *(gan ymestyn y blwch allan)*

(Ychydig o seibiant ac yna gwên fawr ar wyneb y casglwr.)

O – diolch yn fawr i chi syr. Caredig dros ben. Rhodd hael i'r achos.

(Yn tynnu'r breichiau a'r blwch yn ôl ato/i.)

Faint o'r gloch yw hi erbyn hyn tybed? *(edrych ar ei oriawr)* O – bron yn amser gorffen. Fe ddaw Mam yma cyn bo hir i roi lifft adre i fi. Dw i wedi cael bore da o gasglu ac fe fydd plant bach tlawd y byd yn gallu cael bwyd yn eu boliau.

Reit, gwell mynd am y maes parcio; mae Mam bron â chyrraedd siŵr o fod.
(Y plentyn yn cydio yn y poster ac yn mynd allan gan gario'r blwch casglu hefyd.)

MIS MEHEFIN

CERDD Y SULGWYN

A hithau'n Sul y Pentecost yn wir,
Ymgasglodd torf o bobl yn y dre,
Gan ddisgwyl yr addewid oddi fry
A ddaeth mewn gwynt oedd rymus iawn o'r ne'.
Tafodau tân ddisgynnodd yno'n fflam,
A pheri iddynt siarad estron iaith,
A'r neges amlwg roddwyd iddynt hwy
Oedd mynd â'r Gair i eraill ar eu taith.

Yr Eglwys Fore burwyd drwy ei ddawn,
A'r genadwri aeth drwy'r byd ar dân
Gan greu eglwysi oedd yn fawr eu grym
Dan rasol ras a grym yr Ysbryd Glân.

O deued eto rin y nerthol wynt
I'n deffro ni o'n trwmgwsg ar ein hynt.

TRIBANNAU'R SULGWYN

Gŵyl y Pentecost oedd hi,
Yn y ddinas gwelwyd llu,
A thorf yn wir a ddaeth ynghyd
O bellter byd i ddathlu.

Daeth sŵn y gwynt oedd nerthol,
A phawb dan rin ysbrydol
Wrth weld tafodau mawr o dân
Fel fflamau mân yn wyrthiol.

Yr Ysbryd Glân ddisgynnodd,
A'r dynion a lefarodd
Mewn arall iaith, tra'r estron wŷr
Mewn syndod pur a'u clywodd.

'Nid ydynt wedi meddwi,'
Medd Pedr wrth y cwmni,
Can's dim ond naw y bore yw,
'Mae meibion Duw'n pregethu.'

Ac ar y Sulgwyn deuwn
I'th eglwys lle y ceisiwn
Mewn uchel ŵyl roi moliant triw
I'r Grasol Dduw addolwn.

DARLLENIADAU'R SULGWYN
Llyfr yr Actau Pennod 2 Adnodau 1–21

(Adnodau ar gyfer Unigolion a Grwpiau)

Llefarydd 1:   Adnodau 1 a 2

Llefarydd 2:   Adnodau 3 a 4

Llefarydd 3:   Adnodau 5, 6 a 7 (dechrau)

Tyrfa 1:   Adnod 7 (diwedd) – 8

Tyrfa 2:   Adnod 9

Tyrfa 1:   Adnod 10

Tyrfa 2:   Adnod 11

Llefarydd 1:   Adnod 12 (dechrau)

Tyrfa 1:   Adnod 12 (diwedd)

Llefarydd 2:   Adnod 13 (dechrau)

Tyrfa 2:   Adnod 13 (diwedd)

Llefarydd 3:   Adnod 14 (dechrau)

Pedr: Adnodau 14 (diwedd), 15 ac 16

Joel 1:   Adnodau 17–18

Joel 2:   Adnodau 19–21

GWEDDI MIS MEHEFIN

Ein Tad, deuwn ger dy fron yn ystod y mis arbennig hwn, gan gofio am dywalltiad yr Ysbryd Glân ar ganlynwyr Crist. Cyfnod y Sulgwyn a Sul y Pentecost – yr hanner canfed diwrnod ar ôl Gŵyl Y Pasg. Ar adeg y Sulgwyn, diolchwn i ti am yr atgyfnerthiad o'r Ysbryd a gafodd ei anfon i nerthu dilynwyr Crist ar ôl ei atgyfodiad a chyn iddo esgyn i'r nefoedd.

Dyma oedd dechrau'r Eglwys Gristnogol. Diolchwn i ti am y dechreuad hwnnw ac am ei pharhad hi tan y dydd heddiw. Diolch hefyd am ein galluogi ni fel plant i fod yn rhan o'r eglwys honno. Wrth i ni ddod ynghyd i'th addoli, boed i ti ein hatgyfnerthu ninnau yn yr hyn a wnawn o fewn yr eglwys a hefyd y tu allan yn y byd yn gyffredinol.

Nertha ni, O Dduw, i fod yn genhadon cywir drosot ti, fel plant ac oedolion, ac i wneud dy ewyllys di ym mhob peth a ddwedwn ac a gyflawnwn. Pâr i ni gofio am garedigrwydd Crist wrth iddo gynorthwyo'r rhai hynny a oedd o'i gwmpas tra oedd ar y ddaear. Yn yr un modd, boed i ni fod yn barod ein cymwynas i eraill – y gwan a'r methedig, y claf a'r anabl, y tlawd a'r newynog.

Ym mis Mehefin fel hyn, pan fo'r dydd ar ei hiraf, rho i ni'r parodrwydd i ddefnyddio'n hamser i estyn llaw i'r rhai hynny sydd o'n cwmpas. Fel plant, rydym ni wrth ein bodd yn chwarae gyda'n ffrindiau gan fwynhau heulwen y dydd. Ond, ynghanol ein llawenydd, boed i ni gofio am y rhai hynny sy'n fyr o'r breintiau a gawson ni.

Cofiwn am y rhai sy'n unig eu byd, ar eu haelwydydd eu hunain neu mewn cartrefi arbennig. Rydyn ni'n ffodus i gael cartrefi clyd a phobl o'n cwmpas ni sydd yn ein caru. Bydded i ni, felly, weld anghenion eraill a rhoi cymorth i'n gilydd pan fo galw am hynny.

A hithau'n fis pan ydym ni'n cofio am dadau ein gwlad, diolchwn am y cariad a'r gofal a dderbyniwn o ddwylo ein rhieni, y rhai hynny sy'n barod i aberthu popeth er ein mwyn. Cofiwn hefyd mai ti yw ein Tad ni oll – yr un a'n creodd a'r un sy'n ein cynnal. Diolchwn am ein galluoedd oll; am y gallu i weld harddwch byd natur yn enwedig yr adeg hon o'r flwyddyn, pan fo'r blodau o'n cwmpas yn gyfoethog eu lliwiau. Diolchwn hefyd am fedru gweld yr haul yn uchel yn yr awyr ac am glywed cân yr aderyn yn ein clustiau.

> Mawl fo i Dduw am roddion cain,
> Am lesni'r nen a gwyrddni'r llain,
> Am rosyn coch a blodau'r drain,
> Mawl fo i Dduw.
>
> Mawl fo i Dduw am noson braf,
> Yng ngolau'r lloer ar hwyr o haf;
> Ac yn fy nghwsg bob breuddwyd gaf –
> Mawl fo i Dduw.
>
> *(D.Elwyn Davies)*

Hyn a ofynnwn yn enw ein Tad a'n Harglwydd Iesu Grist. Amen.

EMYN SUL Y TADAU
(Tôn – 'Dwy law yn Erfyn')

Ym mis Mehefin, cofiwn y tadau
Sy'n annwyl a thriw i ni;
Eu gofal o hyd, o'n cwmpas i gyd,
A diolch yn awr yw'n cri.

Ar Sul y Tadau, deuwn yn llawen
I ganu eu clodydd hwy;
Rhaid canmol yn awr, ein dyled sydd fawr,
A'u cyfarch yn llon byth mwy.

Deuwn gan ddatgan moliant sydd deilwng –
Mae'n gyfle i seinio cân –
I'r rhai roes i ni ein gwerthoedd yn llu,
Cyfarchwn â chalon lân.

Diolch i'r Tad anfonodd etifedd
I'n dysgu am deyrnas nef,
Yr un aeth i'r groes, dros bechod yr oes –
Fe'i molwn ag uchel lef.

CÂN / ROWND SUL Y TADAU
(Alaw – 'Daw Hyfryd Fis')

Sul teilwng yw a dathlwn bawb yn llon,
A chofiwn am y tadau ar y ddaear gron.
Y ddaear gron, y ddaear gron,
Tadau, tadau, tadau ar y ddaear gron.

Gofal a roed oedd werthfawr iawn i ni,
A heddiw rhaid rhoi diolch am y cariad mor gu.
Cariad mor gu, cariad mor gu,
Diolch, diolch, diolch am y cariad mor gu.

Ers dyddiau gynt fe roeson nhw o'u serch,
A thyner fu eu gofal i bob mab a merch.
Pob mab a merch, pob mab a merch,
Gofal, gofal, gofal i bob mab a merch.

Ar Sul y Tadau, ceisio'u cofio hwy,
A rhoi o'n gwên a'n cariad i'n holl dadau byth mwy.
Tadau byth mwy, tadau byth mwy,
Cariad, cariad, cariad i'n holl dadau byth mwy.

RAP SUL Y TADAU

Canmolwn nawr ein tadau clên,
Y rhai a gofiwn gyda gwên.

Maent oll yn barod iawn eu clust
I wrando arnom pan yn drist.

Â'u breichiau, hwy a'n magodd ni,
A'n codi ym mhob cwymp a fu.

Mawr gariad roddwyd i ni'n hael
I'n gwarchod pan âi pethau'n wael.

Pob cyngor ddaeth o'u genau hwy,
Yn llawn doethineb i ni mwy.

Ac felly heddiw cofiwn oll
Ein tadau cywir sy'n ddi-goll.

Rhaid yw eu canmol lawer gwaith
Am bob cefnogaeth ar ein taith.

Ond rheidrwydd hefyd yw rhoi clod
I'r Tad a'n creodd cyn ein bod.

Y Tad tragwyddol yno sydd,
Yn Hwn y rhoddwn ninnau'n ffydd.

Y Tad, drwy'r Mab a ddaeth i'n byd,
O deuwn oll i'w foli 'nghyd.

GWEITHGAREDD GWNEUD/DATRYS TAGXEDO
MIS MEHEFIN

Ar gyfer y gweithgaredd hwn rhaid wrth gyfrifadur a sgrin yn y gwasanaeth.
Gweler y cyfarwyddiadau a roddwyd ym mis Chwefror ar sut i ffurfio Tagxedo.

Geiriau addas y gellir eu gosod yn y Tagxedo ar gyfer mis Mehefin yw:
Pentecost, Sulgwyn, Ysbryd Glân, gwynt, tafodau tân, fflamau, estron iaith, Eglwys Fore, meddwi, Pedr, Sul y Tadau, cariad, gofal...

YMSON PEDR

(Gellir amrywio'r ymson yn ôl tafodiaith yr ardal.)

Dw i'n teimlo'n drist am fod Iesu wedi ein gadael ni. Roedd e'n berson mor barod ei gymwynas ar bob adeg – yn gwella'r rhai a oedd yn glaf a hyd yn oed yn gallu dod â'r rhai a oedd wedi marw yn ôl yn fyw.

Roeddwn i wrth fy modd yn gwrando arno'n dweud ei storïau am y ddafad a aeth ar goll ac am y pum morwyn ffôl a'r pum morwyn gall.

Doedd hi ddim yn deg fod dyn mor dda ag e wedi gorfod dioddef poen ar y groes. Diwrnod trist iawn oedd hwnnw i ni fel rhai a oedd wedi bod yn ei ddilyn ers tro a'i weld e'n cyflawni ei wyrthiau.

Ond pan aeth y gwragedd at fedd Iesu a gweld ei fod e'n wag, fe roddodd hynny obaith yn ein calonnau ei fod e eto'n fyw.

Fe ymddangosodd i rai pobl hefyd, i Mair Magdalen a saith o'i ddisgyblion. Fe ddwedodd e wrthon ni am aros yn Jerwsalem ac y byddai'n anfon 'Yr Ysbryd' arnom. Yna, fe'n gadawodd ni unwaith yn rhagor.

Roedd hi'n gyfnod y Pentecost a llawer ohonom wedi dod at ein gilydd; cyfle i weddïo yn y gobaith y byddai Iesu yn ymddangos yn ein plith. Mor braf fyddai cael gafael yn ei law unwaith eto a gwrando arno'n adrodd rhai o'i storïau.

Yn sydyn, wrth i ni eistedd yn dawel, daeth sŵn o'r nef fel gwynt cryf yn rhuthro o'n cwmpas.

Wedyn, fe welais rywbeth tebyg i dafodau o dân yn sefyll ar bennau'r rhai a oedd yno.

Fe gawson nhw eu llenwi gan yr Ysbryd Glân, fel roedd Iesu wedi addo. O ganlyniad, dechreuon nhw siarad mewn ieithoedd dieithr.

Gan ei bod hi'n Ŵyl y Pentecost, roedd llawer o bobl wedi dod i Jerwsalem, pobl o wahanol wledydd. Fe gawson nhw syndod wrth glywed canlynwyr Iesu'n siarad mewn ieithoedd roedden nhw'n eu deall. A dweud y gwir, roedden nhw wrth eu bodd.

Ond roedd eraill yn dweud fod canlynwyr Iesu wedi meddwi, a dyma lle teimlais i'r rheidrwydd i ddweud gair o blaid y rhai a oedd yn siarad mewn gwahanol ieithoedd. Wedi'r cwbl, doedd hi ddim yn deg bod pobl yn siarad amdanyn nhw fel yna. Yr Ysbryd Glân oedd yn dylanwadu arnyn nhw.

Fe sefais i ar fy nhraed a dechrau annerch y bobl. Dwedais i'n go sydyn nad oedd neb o'r cwmni wedi meddwi, fel roedden nhw'n ei dybio, gan mai dim ond naw o'r gloch y bore oedd hi.

Fe soniodd y Proffwyd Joel am dywallt 'Yr Ysbryd' flynyddoedd maith yn ôl gan nodi y byddai'r gwŷr ieuainc yn gweld gweledigaethau ac y bydden nhw'n gallu proffwydo.

Fe ddwedodd Joel hefyd y byddai'r haul yn mynd yn dywyll a'r lleuad yn waed. Fe ddwedodd e y byddai pawb a fyddai'n troi at yr Arglwydd yn cael eu hachub. Dw i ddim yn dweud 'mod i eisiau gweld yr haul yn dywyll na'r lleuad yn waed, ond byddai'n dda gen i weld pobl yn troi yn ôl at Dduw unwaith yn rhagor.

Gobeithio y bydd dylanwad y diwrnod hwnnw'n aros gyda ni am gyfnod hir. Gobeithio y gwelwn ni laweroedd o bobl dros y ddaear i gyd yn cael eu hachub a dylanwad Duw yn amlwg ym mywydau pob un ohonyn nhw.

ANERCHIAD MIS MEHEFIN

Mae'n fis Mehefin a chyfle i ni agor ein llygaid i'r harddwch sydd o'n cwmpas yr adeg yma o'r flwyddyn. Dyma'r chweched mis – pan fo'r diwrnod ar ei hwyaf. Troad y dydd i eraill, oherwydd o ganol y mis hwn ymlaen fe fydd y dydd yn byrhau tan i ni gyrraedd mis Rhagfyr.

Mae mis Mehefin felly'n gyfle i ni edrych yn ôl ar yr hyn sydd wedi dod i'n rhan yn ystod y misoedd sydd wedi bod. Mae'n gyfle hefyd i ni edrych ymlaen yn llawn gobaith am brofiadau gweddill y flwyddyn. Wrth gwrs, fel Cristnogion, rydym yn cysylltu'r adeg hon o'r flwyddyn â'r hyn a ddigwyddodd ar y Pentecost – neu gyfnod y Sulgwyn fel rydym ni'n ei alw erbyn hyn.

Roedd canlynwyr Crist wedi ymgasglu at ei gilydd pan ddisgynnodd yr Ysbryd Glân arnyn nhw. O ganlyniad, fe gawson nhw eu puro a'u glanhau gan lwyddo i siarad mewn amrywiol ieithoedd. Roedd hyn yn gwneud iddyn nhw sylweddoli fod neges Duw a Christ i fynd i bedwar ban byd. Am hyn, fe fedrwn ni ddiolch yng Nghymru am ddylanwad y Gair hwn yn ein plith.

Hefyd, mae'r adeg hon o'r flwyddyn yn gyfnod pan fo byd natur ar ei orau a chyfle i ninnau werthfawrogi'n llawn y greadigaeth sydd o'n cwmpas ni. Rydym ni'n ffodus ein bod ni'n byw mewn gwlad lle nad oes eithafion o ran tywydd a bod sychder enbyd, newyn a daeargrynfeydd cyson yn rhywbeth sydd yn perthyn i wledydd eraill.

Mae'r mis hwn yn gyfle i ni gofio hefyd am dadau ein gwlad, y rhai a roes o'u gofal a'u cariad i ni dros y blynyddoedd. Wrth gwrs, mae'n gyfle i ni ddiolch am gariad rhieni yn gyffredinol, ein teulu a'n cyfeillion, ac i werthfawrogi eu presenoldeb yn ein bywydau ni.

Dad! Gwêl dy blant yn dod
I'th byrth â mawl a chlod
O galon lawn;
Ein diolch rown o hyd
Am holl fwynderau'r byd
A'th roddion yn eu pryd
O'th gariad gawn.

Ym mis Mehefin, bydded i ni gofio am y llai ffodus yn ein cymunedau ac estyn cariad Crist tuag atynt. Boed i'n calonnau, yn ystod dyddiau hwyaf y flwyddyn, rannu o'n gweithredoedd haelionus gan wneud i ni gyflawni gwaith Duw yn y byd hwn tra medrom.

89

CWIS MIS MEHEFIN

Pa enw sydd ar y Sulgwyn yn y Testament Newydd?
(Pentecost)

Pa lyfr yn y Testament Newydd sy'n sôn am y digwyddiad yma?
(Llyfr yr Actau)

Beth ddaeth o'r nef, yn ôl yr hanes yn y Testament Newydd?
(Gwynt grymus yn rhuthro)

Tafodau o beth a eisteddodd ar y rhai a oedd yno?
(Tafodau o dân yn ymrannu)

Â beth y llanwyd y bobl a oedd yno?
(Yr Ysbryd Glân)

Beth ddigwyddodd i'r bobl wedyn?
(Llefaru mewn ieithoedd dieithr)

Pam roedd y bobl o gwmpas yn synnu a rhyfeddu?
(Am eu bod yn deall y Galileaid yn siarad yn eu hieithoedd nhw)

Beth oedd ymateb rhai pobl i'r hyn a oedd wedi digwydd?
(Dweud eu bod nhw wedi meddwi)

Pwy safodd ar ei draed i annerch y bobl?
(Pedr)

Sul i gofio pwy yn benodol sy'n cael ei ddathlu ym mis Mehefin?
(Y Tadau)

Faint o'r gloch y bore oedd hi?
(9 o'r gloch)

Pa broffwyd a oedd wedi rhagddweud y byddai hyn yn digwydd?
(Joel)

CREU PWERBWYNT MIS MEHEFIN

(I gyd-fynd â darlleniad o Lyfr yr Actau Pennod 2 Adnodau 1–17)

Rhaid cael cyfrifiadur a sgrin i wneud y gweithgaredd hwn. Bydd angen chwilio am luniau addas ar y we.

Llun o dafodau o dân yn eistedd ar y bobl, a'r geiriau 'Ymddangosodd iddynt dafodau fel o dân yn ymrannu ac yn eistedd un ar bob un ohonynt.' (Actau Pennod 2 Adnod 3)

Llun o bobl o wahanol genhedloedd (yn adeg y Testament Newydd), a'r geiriau 'Onid Galileaid yw'r rhain oll sy'n llefaru?' (Adnod 7)

Llun o dorf o bobl gyffredin wedi'u gwisgo yn nillad y Testament Newydd, a'r geiriau 'Wedi meddwi y maent.' (Adnod 13)

Llun o Pedr y disgybl, a'r geiriau 'Nid yw'r rhain wedi meddwi, fel yr ydych chwi'n tybio, oherwydd dim ond naw o'r gloch y bore yw hi.' (Adnod 15)

Llun o'r proffwyd Joel gyda'r geiriau 'A hyn a fydd yn y dyddiau olaf, medd Duw: tywalltaf o'm Hysbryd ar bawb; a bydd eich meibion a'ch merched yn proffwydo ...' (Adnod 17)

MIS GORFFENNAF

CÂN MIS GORFFENNAF
(Alaw – 'Dacw Ti Yn Eistedd Y Deryn Du')

Dyma ni yn dathlu Gorffennaf mwyn,
Tywydd yn braf, yn llawn o swyn;
    Iôr, moliant i Ti, (x2)
Dathlu mewn hwyl heb gŵyn.

'Steddfod Llangollen a byd y gân,
Croeso i bawb yn ddiwahân;
    Iôr, moliant i Ti, (x2)
Gwledydd sy'n fawr a mân.

Sioe yn Llanelwedd, cystadlu sy',
Anfeiliaid o'n cwmpas ni;
    Iôr, moliant i Ti, (x2)
Cre'duriaid Duw yn llu.

Ennill neu golli, rhoddwn wên,
'Steddfod neu Sioe, ifanc a hen;
    Iôr, moliant i Ti, (x2)
Cystadlu heb ddim sen.

Deuwn ni oll – mis Gorffennaf yw,
Rhoddwn ddiolch yn awr i Dduw;
    Iôr, moliant i Ti, (x2)
Pawb yn gytûn wrth fyw.

EMYN MIS GORFFENNAF
(Alaw – 'Sloop John B')

Pan welwn Orffennaf hardd,
Rhaid canu ein clod fel bardd,
A diolch am heulwen a wnawn ni i Dduw;
Y blodau i gyd, yn harddwch i'n byd,
A natur sydd eto o'n cwmpas mor fyw.

Daw Gŵyl Llangollen i'r tir,
A'r cystadlu brwd yn wir,
Y gwisgoedd sydd yn lliwgar gan bawb ynghyd;
Wrth uno mewn cân, calonnau ar dân,
Diwylliant gwledydd yn gytûn yn ein byd.

Llanelwedd sydd â'i sioe,
A'r ffermwyr a gaiff hoe
Wrth grwydro ar hyd y maes ar ddiwrnod braf;
Creaduriaid y sydd, gwobrwyo a fydd,
Wrth ennill neu golli yn heulwen yr haf.

Dim ysgol, gwyliau hir,
A ninnau'n llon heb gur,
Yn chwarae a chael hwyl wrth redeg yn rhydd;
Ffrindiau oll sydd yn llu, plant Duw ydym ni,
Mwynhau gyda'n gilydd, heb fod neb yn brudd.

CERDD MIS GORFFENNAF

Mae mis Gorffennaf yma gyda ni,
A phawb yn gwenu'n llon dan heulwen haf,
Y ffermwyr wrthi'n cynaeafu'r tir,
A'r tywydd sydd yn gynnes ac yn braf.

Bydd bwrlwm eisteddfodol, cân a dawns
Yn nhref Llangollen, lle daw llu ynghyd,
Cystadlu brwd yn llawen iawn eu trem,
A phobloedd yn gytûn drwy'r eang fyd.

Ar faes Llanelwedd anifeiliaid sydd,
Cre'duriaid Duw a welir o bob llun
Yn ceisio ennill gwobrau sydd yn hael,
A'u datgan yn bencampwyr gwlad bob un.

Bydd gwyliau haf yn hyfryd iawn i ni,
Yn gyfle i ymlacio a mwynhau;
Cawn chwarae'n rhydd yng nghwmni ffrindiau triw,
Heb adael i yfory ein tristáu.

Mae'r haf a'i dlysni wedi dod i'r tir,
A harddwch natur beunydd yma sydd;
Rhown glod i Dduw am fywyd sy'n llawn swyn,
A'i ofal tyner drosom ni bob dydd.

TRIBANNAU MIS GORFFENNAF

Gorffennaf ddaw â'i heulwen
I lonni'r fron yn llawen,
Byd natur sydd yn gwbl hardd
I feithrin bardd ac awen.

Mae'n fis y cynaeafu,
A'r ffermwyr oll yn gwenu
Wrth lenwi'r ysguboriau'n llawn
O gynnyrch grawn eleni.

Mae'r gân a'r ddawns yn uno
Yn nhref Llangollen eto,
Daw pobloedd byd o bedwar ban
I erwau'r llan yn gryno.

Y Sioe ym mro Llanelwedd
Sy'n enwog iawn ei delwedd
Am ddenu creaduriaid lu,
A rheini'n gry' a glanwedd.

Y gwyliau ddaw o'r newydd,
A ninnau'n llawn llawenydd
Wrth chwarae gyda'n ffrindiau da
Drwy fisoedd ha' yn ddedwydd.

At Dduw, fe ddown yn gryno
Gan roi o'n diolch iddo
Am fis Gorffennaf a'i holl swyn,
Heb unrhyw gŵyn o'n heiddo.

RAP MIS GORFFENNAF

Gyda'n gilydd deuwn ni,
Mis Gorffennaf ydyw hi.

Gwyliau haf o'n blaen i gyd,
Dyddiau braf sy ar ei hyd.

Eisteddfota ydyw'r nod
Yn Llangollen – ennill clod.

Draw i'r Sioe – gan adael gwaith –
I Lanelwedd ar ein taith.

Ennill, colli – rhaid yn wir
Rhoi o'n gorau – neb yn sur.

Felly Iôr, wrth rannu'n dawn,
Dysg i ni ymroi yn llawn.

Ac os llwyddwn yn ein nod,
Rhown i'r Arglwydd mawr y clod.

GWEDDI MIS GORFFENNAF

O Dduw, diolchwn i ti unwaith eto am y cyfle i nesu atat ti mewn gair o weddi.

A hithau'n ganol haf, hyfryd yw cael seinio clod am harddwch y byd o'n cwmpas. Rydym ni'n ffodus ein bod ni'n byw mewn gwlad lle mae gogoniant byd natur yn amlwg, yn enwedig ym mis Gorffennaf fel hyn. Mae'r ffermwyr yn brysur yn cynaeafu'r tir ac yn cludo'r cynnyrch i'r ydlan fel porthiant ar gyfer y gaeaf. Diolchwn i ti felly, O Dduw, am sicrhau ysgubor lawn a bod yr hyn a heuwyd yn y gwanwyn wedi tyfu'n dda.

Yr adeg hon o'r flwyddyn mae hi'n gyfnod yr eisteddfod yn Llangollen a chyfle i bobl y byd gystadlu mewn cân a dawns ar lwyfan rhyngwladol. Diolch am weld cyfeillgarwch pobl y gwledydd wrth uno mewn gŵyl o ddiwylliant; eu hasbri a'u llawenydd wrth ennill neu golli. Dysg ni Arglwydd am y pwysigrwydd o fod yn gollwyr da ac i gydlawenhau mewn llwyddiant eraill. Mor hyfryd yw gweld pobl y byd am gyfnod yn gytûn, heb unrhyw gasineb a malais yn bodoli.

Mae mis Gorffennaf hefyd yn gyfnod pan fo ffermwyr Cymru yn tyrru i gyfeiriad maes y sioe yn Llanelwedd ar gyfer llwyfan cenedlaethol i'w hanifeiliaid a'u cynnyrch. Diolchwn, O Dduw, am y gallu i werthfawrogi holl gyfoeth dy greadigaeth di, a dysg ni i ddangos ein parch tuag ati yn barhaus. Diolch am yr holl baratoi manwl cyn yr arddangos a'r pwysigrwydd o wneud ein gorau glas ar bob adeg er mwyn sicrhau llwyddiant.

Cyfnod y gwyliau yw mis Gorffennaf; yr ysgol yn/wedi torri dros wythnosau'r haf a chyfle i ni fel plant ymlacio a mwynhau ar ôl ein gwaith caled yn yr ysgol. Diolch am bob gofal drosom yn ystod y mis hwn a boed i ni geisio bod yn ganlynwyr teilwng i'th enw di ym mhob peth a wnawn ac a ddwedwn.

Mis Gorffennaf ydyw hi,
Mawl i'r Arglwydd am y creu;
Am fyd natur rhoddwn glod –
Popeth byw o dan y rhod.

Bydd gyda ni, O Dduw, yn blant ac yn oedolion, yn ystod y mis hwn. Boed i ti wrando ar ein gweddi, am ein bod ni'n gofyn y cyfan hyn yn enw ein Harglwydd Iesu Grist. Amen.

GWEITHGAREDD GWNEUD/DATRYS TAGXEDO
MIS GORFFENNAF

Ar gyfer y gweithgaredd hwn rhaid wrth gyfrifadur a sgrin yn y gwasanaeth.

Gweler y cyfarwyddiadau a roddwyd ym mis Chwefror ar sut i ffurfio Tagxedo.

Geiriau addas y gellir eu gosod yn y Tagxedo ar gyfer mis Gorffennaf yw: gwyliau, ymlacio, glan y môr, cynhaeaf, silwair, gwair, ysgubor, ydlan, Llangollen, eisteddfod, dawnsio, canu, pobloedd byd, cystadlu, gwisgoedd lliwgar, sioe genedlaethol, Llanelwedd, anifeiliaid, blodau, crefftau, maes, pentref ieuenctid, cyfeillion, hwyl ...

TARSIA MIS GORFFENNAF
(Gwaith Cyfrifiadurol)

Cyfarwyddiadau gwreiddiol gyda deunyddiau gwasanaeth mis Ionawr.

Dyma enghraifft o 16 o gwestiynau/geiriau/brawddegau/atebion posibl er mwyn creu Tarsia mis Gorffennaf (os oes angen paratoi un o flaen llaw). Os gwneir y Tarsia yn y gwasanaeth, gall y plant a'r oedolion fwydo eu cwestiynau/atebion eu hunain ar y pryd.

Adeg cynaeafu i lawer / Mis Gorffennaf

Angen hwn er mwyn cael cynhaeaf da / Haul

Eisteddfod Llangollen / Cystadlu ar ganu a dawnsio

Llawer o bobl yn teithio yma ym mis Gorffennaf / I Langollen

Sioe Llanelwedd / Sioe Genedlaethol Cymru

Dim ysgol / Gwyliau haf

Anifeiliaid yn cystadlu / Ennill gwobrau mewn sioe

Brid o wartheg / Friesian

Ifanc y fuwch / llo

Brid o ddefaid / Texel

Iaith Iwerddon / Gwyddeleg

'Gracias' / Diolch yn yr iaith Sbaeneg

Gwelir blodau hardd yma / Ar lwyfan Eisteddfod Llangollen

Blwyddyn dechrau Eisteddfod Llangollen / 1947

Luciano Pavarotti / Bu hwn yn cystadlu yn Eisteddfod Llangollen

Os gwelwch chi'n dda mewn Eidaleg / 'Per Favore'

MYFYRDOD MIS GORFFENNAF

(Geiriau merch o wlad Siapan ar ymweliad ag Eisteddfod Ryngwladol Llangollen, os yn bosibl wedi'i gwisgo mewn 'kimono' – gwisg draddodiadol Siapan – neu ddefnydd sidan o amgylch y corff.)

Kon Ni Chi Wa – Sut mae/Shwd mae. Akiko yw'r enw a dw i'n dod o Tokyo, prifddinas Siapan. Dw i wedi dod yma i Langollen ar gyfer yr Eisteddfod Ryngwladol.

Roedd y daith yn hir ac yn flinedig ond, o deithio'r holl filltiroedd a chyrraedd yma, mae gweld pobl o wledydd eraill ar draws y byd yn dawnsio ac yn canu'n llawen yn codi 'nghalon i.

Mae'n hyfryd gweld pawb yn mwynhau eu hunain. Dim casineb o gwbl a phawb yn gyfeillgar iawn. Trueni na fyddai'n byd ni'n gyffredinol yn gallu bod fel hyn. Pawb yn cyd-dynnu ac yn chwerthin yn braf yng nghwmni ei gilydd.

'Byd gwyn yw byd a gano' yw'r arwyddair. Byd gwyn hefyd yw byd lle mae cariad yn bodoli; cariad tuag at gyd-ddyn a pharch at ddynolryw yn gyffredinol.

'Heiwa' – dyna'r ffordd rydyn ni'n dweud heddwch yn yr iaith Siapanaeg. Mae angen 'heiwa' a heddwch yn ein byd ni heddiw, yn enwedig gyda'r holl ddial a'r ymladd sydd o'n cwmpas.

Fe gawson ni hwyl wrth gystadlu brynhawn ddoe mewn cystadleuaeth ar gyfer grŵp gwerinol traddodiadol. Roedd 'na lawer o ddawnsio a rhai ohonon ni'n chwarae offerynnau cerddorol. Ro'n i wrth fy modd yn chwarae'r 'koto' – offeryn o wlad Siapan sydd â thri ar ddeg o linynnau. Roedd Emiko fy ffrind ysgol yn chwarae'r 'shamisen'. Roedd hi'n lwcus; roedd llai o linynnau gyda hi.

Dw i wrth fy modd yn gwrando ar gerddoriaeth. Mae e'n gwneud i fi deimlo'n hapus a dw i'n mwynhau dawnsio wrth wrando arno. Ar adegau, mae cerddoriaeth yn tawelu fy meddwl pan dw i'n poeni ynghylch rhyw bethau.

Dw i'n meddwl bod cerddoriaeth yn bwysig yn y byd. 'Byd gwyn fydd byd a gano' ac mae'n gallu uno pobl, fel ry'n ni'n gweld yn Eisteddfod Llangollen. Mae cerddoriaeth yn gallu rhoi ymdeimlad o ymlacio i bobl hefyd a gwneud nhw iddyn nhw deimlo'n hapusach.

Roedd y blodau a oedd yn harddu'r llwyfan yn Eisteddfod Llangollen yn wledd i'r llygaid. Diolch i'r Creawdwr am harddwch ei greadigaeth. Diolch hefyd am yr amrywiaeth o liwiau ym myd natur sydd o'n cwmpas ni.

Pan dw i'n gwrando neu'n edrych ar wledydd eraill yn cystadlu yn Eisteddfod Llangollen, dw i ddim wastad yn deall am beth y maen nhw'n canu. Ond dw i'n gallu gweld eu bod nhw'n mwynhau eu hunain, a bod pobl o ganlyniad yn cael pleser wrth wrando arnyn nhw. Yn yr un modd, yn ein bywyd bob dydd, bydded i'r gerddoriaeth sydd o'n cwmpas ddylanwadu arnom fel ein bod ni'n byw mewn gwell harmoni gyda'n gilydd.

Mae clywed yr holl ieithoedd gwahanol yn gwneud i mi sylweddoli ein bod ni'n rhan o fyd mor fawr a'i bod hi'n bwysig ein bod ni'n parchu pobl eraill sy'n dod o wledydd a diwylliannau gwahanol i'n rhai ni. Byd gwyn yw byd a gano. Boed i'r gân felly ein gwneud ni'n bobl fwy cyfeillgar ac amyneddgar tuag at ein gilydd, fel ein bod ni'n rhannu cariad ymysg pobl y byd, boed hynny yn ein milltir sgwâr neu ar lawr byd-eang.

'Sayonara' i chi i gyd felly; neu yn y Gymraeg – 'Hwyl fawr'.

CYFLWYNIAD LLAFAR O ADNODAU ADDAS SY'N YMWNEUD Â CHERDDORIAETH
(ar gyfer adeg Eisteddfod Llangollen)

(Chwech o blant yn dod i mewn ac yn sefyll mewn hanner cylch. Gellir chwarae cerddoriaeth addas yn dawel yn y cefndir.)

Llais 1: Salm 105:2
'Canwch iddo, moliannwch ef, dywedwch am ei holl ryfeddodau.'

Llais 2: Effesiaid 5:19
'Cyfarchwch eich gilydd â salmau ac emynau a chaniadau ysbrydol; canwch a phynciwch o'ch calon i'r Arglwydd.'

Llais 3: Salm 150:1–5
'Molwch yr Arglwydd ... Molwch ef â sain utgorn, molwch ef â nabl a thelyn. Molwch ef â thympan a dawns, molwch ef â llinynnau a phibau. Molwch ef â sŵn symbalau, molwch ef â symbalau uchel.'

Llais 4: Salm 104:33
'Canaf i'r Arglwydd tra byddaf byw, rhof foliant i Dduw tra byddaf.'

Llais 5: Salm 95:1
'Dewch, canwn yn llawen i'r Arglwydd, rhown floedd o orfoledd i graig ein hiachawdwriaeth.'

Llais 6: Colosiaid 3:16
'Bydded i air Crist breswylio ynoch yn ei gyfoeth. Dysgwch a rhybuddiwch eich gilydd gyda phob doethineb. Â chalonnau diolchgar canwch i Dduw salmau ac emynau a chaniadau ysbrydol.'

PAWB: *(gan ymadael â'r llwyfan wrth gyd-lefaru Salm 98:4–6)*
'Bloeddiwch mewn gorfoledd i'r Arglwydd, yr holl ddaear, canwch mewn llawenydd a rhowch fawl. Canwch fawl i'r Arglwydd â'r delyn, â'r delyn ac â sain cân. Â thrwmpedau ac â sain utgorn bloeddiwch o flaen y Brenin, yr Arglwydd.'

CYFLWYNIAD LLAFAR O ADNODAU ADDAS SY'N YMWNEUD AG ANIFEILIAID A BYD NATUR
(ar gyfer adeg Sioe Llanelwedd)

(Pump o blant yn sefyll mewn hanner cylch. Gellir dangos lluniau gwahanol anifeiliaid/byd natur wrth iddyn nhw lefaru'r adnodau.)

Llais 1: Jeremeia 27:5
'Fel hyn y dywed Arglwydd y Lluoedd, Duw Israel ... : "Â'm gallu mawr ac â'm braich estynedig gwneuthum y ddaear, a phobl, a'r anifeiliaid sydd ar wyneb y ddaear, a'u rhoi i'r sawl y gwelaf yn dda." '

Llais 2: Datguddiad 4:11
'Teilwng wyt ti, ein Harglwydd a'n Duw, i dderbyn y gogoniant a'r anrhydedd a'r gallu, oherwydd tydi a greodd bob peth, a thrwy dy ewyllys y daethant i fod ac y crewyd hwy.'

Llais 3: Genesis 1:11
'Dywedodd Duw, "Dyged y ddaear dyfiant, llysiau yn dwyn had, a choed ir ar y ddaear yn dwyn ffrwyth â had ynddo, yn ôl eu rhywogaeth." '

Llais 4: Salm 104:14–15
'Yr wyt yn gwneud i'r gwellt dyfu i'r gwartheg, a phlanhigion at wasanaeth pobl, i ddwyn allan fwyd o'r ddaear, a gwin i lonni calonnau pobl, olew i ddisgleirio'u hwynebau, a bara i gynnal eu calonnau.'

Llais 5: Genesis 1:9–10
'Yna dywedodd Duw, "Casgler ynghyd y dyfroedd dan y nefoedd i un lle, ac ymddangosed tir sych." A bu felly. Galwodd Duw y tir sych yn ddaear, a chronfa'r dyfroedd yn foroedd. A gwelodd Duw fod hyn yn dda.'

PAWB: Job 12:7–9
'Ond yn awr gofyn i'r anifeiliaid dy ddysgu, ac i adar y nefoedd fynegi i ti, neu i blanhigion y tir dy hyfforddi, ac i bysgod y môr dy gyfarwyddo. Pwy na ddealla oddi wrth hyn i gyd mai llaw'r Arglwydd a'u gwnaeth?'

MIS AWST

CÂN ROWND YR EISTEDDFOD
(Alaw – 'Ble mae Daniel?')

Dewch i'r 'Steddfod, dewch i'r 'Steddfod,
De neu Ogledd, De neu Ogledd,
Mis Awst, mis Awst,
Ar y maes cawn hwyl a sbri.

Rhai yn canu, rhai yn canu,
Lleill yn adrodd, lleill yn adrodd,
Byd llên, byd llên,
Ennill gwobr ydy'r nod.

Daw yr Orsedd, daw yr Orsedd,
Yn eu gwisgoedd, yn eu gwisgoedd,
Tri lliw, tri lliw,
Rhai yn wyn neu'n las neu wyrdd.

Ennill gwobr, ennill gwobr,
Colli weithiau, colli weithiau,
Cael cam, cael cam,
Peidiwch siomi – cynnig eto.

Dewch i'r 'Steddfod, dewch i'r 'Steddfod,
De neu Ogledd, De neu Ogledd,
Mis Awst, mis Awst,
Ar y maes cawn hwyl a sbri.

EMYN EISTEDDFOD MIS AWST
(Tôn – 'Finlandia')

O dewch yn llu, mis Awst sydd yma eto,
I'r 'Steddfod Fawr rhaid i ni fynd am dro,
I fyny i'r Gogledd neu i lawr i'r De –
Bydd croeso cynnes yno onid e.
Yr iaith Gymraeg o'n cwmpas yma gawn,
Ar lwyfan cenedlaethol lle ceir dawn.

Mae byd y gân yn amlwg wrth gystadlu,
Tra eraill sydd yn dda wrth gyd-lefaru,
A chynganeddu a wna barddol rai,
Boed 'Groes' neu 'Draws' – a hynny heb ddim bai.
A llawer un mewn dawns sy'n ddifyr yma,
Gan roi o'u gorau wrth lwyfannu'n dda.

Yn wyneb haul a llygad dy oleuni,
Fe ddaw'r Eisteddfod i ni eto 'leni;
Fel Cymry'r 'pethau' fe fwynhawn y wledd,
Gan arddel iaith hynafol rhag y cledd.
'Y Gwir yn erbyn byd' yw'r llef sy'n eglur,
O rhown i Dduw ein moliant eto'n bur.

RAP MIS AWST

Mis Awst a ddaw yn gyson
Â'i Eisteddfod inni'n brydlon.

Hwyl cystadlu yn y tir,
Pawb yn llawen – heb ddim cur.

Yn y Gogledd neu'n y De,
Cymry eiddgar hyd y lle.

Ar y Maes a'r llwyfan draw,
'Mochel weithiau rhag y glaw.

Byd y gân sy'n wledd i'r glust –
Gwella ysbryd calon drist.

Os llefaru aiff â'n bryd,
Clywir cerddi ar eu hyd.

Dawn lenydda sydd gan rai –
Cynganeddu yn ddi-fai.

Pawb mewn hwyliau da yn wir,
Cariad at ein hiaith mor bur.

'A oes heddwch?' ydyw'r gri –
Ymatebwn oll yn hy.

Arddel wnawn ein heniaith fwyn
Sydd â'i geiriau'n llawn o swyn.

Dylem rannu cariad Crist
Yn ein gwlad a bod fel tyst.

Caru Cymru, caru'r iaith,
Bod yn ffyddlon yn ein gwaith.

Ym mis Awst daw'r 'Steddfod Fawr,
Awn i'r wledd holl blant y llawr.

CLOD I FIS AWST

Mis Awst yw hi, daw pawb ynghyd,
Eisteddfod Cymru aiff â'n bryd.
Ymgiprys brwd ar lwyfan sydd,
Ac, ar y maes, mwynhad a fydd.

Canu glywir o beraidd sain,
Amrywiaeth lleisiau, dwfn a main.
Llefaru graenus geir yn wir,
A chofio geiriau cerddi hir.

Celf a Chrefft sydd yn werth eu gweld,
Gan ennill gwobrau tlws i'r seld.
Yr iaith Gymraeg fydd amlwg iawn,
A pherfformiadau glew eu dawn.

Yn y Gogledd ac yn y De,
Croeso sy'n gynnes ym mhob lle.
Doniau a welir yma'n llu –
Cystadlu brwd sydd ar bob tu.

Diolchwn Iôr am iaith ein gwlad,
Siaradwn hon heb feithrin brad.
Ac ym mis Awst fe ddown ynghyd,
Eisteddfod Cymru fydd ein byd.

CERDD MIS AWST

Fe ddaeth mis Awst â'r 'Steddfod Fawr i ni,
A phawb i'r 'Maes' yn tyrru yn un llu.
Os fry i'r Gogledd neu i'r De ar hynt,
Fe fydd 'na groeso cynnes yn y gwynt.
Mae pawb sydd yno'n amlwg iawn eu dawn
Wrth ganu neu lefaru'n eglur iawn.
A'r iaith Gymraeg a gawsom ninnau'n rhodd,
Yn etifeddiaeth ddrud sydd wrth ein bodd.

Am wythnos fe ddaw'r Cymry oll ynghyd,
A pharabl pob un yn llonni'u byd,
Tra Duw yn edrych drostynt yn y nef,
A'u gwarchod beunydd dan ei adain gref.

Yn haf mis Awst, datganwn ninnau glod
I'r Gymru hon lle ry'n ni'n byw a bod,
A deued pawb i roi eu mawl i'r Iôr,
Gan atsain diolchgarwch fel un côr.

GWEDDI MIS AWST

Trown atat ti, O Dduw, yn nyddiau cynnes mis Awst, i roi diolch am ein gwlad a'n cenedl. A hithau'n fis yr Eisteddfod Genedlaethol, cyfnod lle mae'r Cymry oll yn dod at ei gilydd, boed i ni fod yn ddiolchgar am y Gymru hon sydd o'n cwmpas ni ac ymhyfrydu yn ei hiaith a'i diwylliant.

Rydym oll yn ffodus ein bod ni'n byw o fewn cyrraedd i olygfeydd godidog ac mewn gwlad sy'n rhydd o ryfel. Bydded i ni werthfawrogi'r holl ddyffrynnoedd hardd a'r mynyddoedd cadarn a welir ar bob llaw. Diolchwn hefyd ein bod ni'n byw mewn gwlad sydd ag amrywiaeth o ran ei thymhorau a'i thywydd. Y gwanwyn sy'n llawn o ddeffroadau; yr haf a'i heulwen gynnes. Yna, tymor yr hydref pan fo 'na gyfoeth o liwiau yn ein bro, a'r gaeaf sydd â'i fantell wen o eira fel cwrlid hardd.

Mewn byd sy'n llawn o gasineb a dial, diolchwn ein bod ni yma yng Nghymru yn medru byw'n gymharol gytûn o fewn ein cymunedau. Dangosaist i ni, drwy esiampl dy Fab a anfonwyd i'r byd, y pwysigrwydd o garu cyd-ddyn. Dysg ni felly, ar bob adeg, i fod yn Gymry teilwng o'r aberth a roddwyd drosom ar fryn Calfaria ac i weld y gorau yn ein cyd-Gymry ar bob adeg. Pâr i ni weld rhinweddau pobl yn hytrach na'u beiau. Boed i ni chwilio am y daioni sydd ynddynt a hynny yn 'wyneb haul a llygad goleuni'.

Fel cenedl rydym ni'n ffodus o gael yr iaith Gymraeg yn rhan o'n hetifeddiaeth – iaith hynafol sy'n mynd yn ôl dros filoedd o flynyddoedd. Mae hi'n bwysig felly ein bod ni'n ymdrechu i'w chadw'n fyw. 'Cenedl heb iaith yw cenedl heb galon' yn ôl yr hen ddihareb Gymraeg, a dyma'r iaith rydym ni'n ei harfer wrth siarad gyda thi, O Dad. Ers pan oeddem yn blant bach, rydym wedi canu mawl i ti yn iaith ein mamau, a phan ydym ni'n troi atat ti mewn gweddi, dyma'r iaith sy'n gwneud i ni deimlo'n agos atat.

Yn ystod mis Awst, pan fo bwrlwm diwylliant a gweithgareddau Eisteddfod Genedlaethol Cymru o'n cwmpas, boed i ni fod yn ymwybodol o anghenion ein gwlad, ein cenedl a'n hiaith ac ymhyfrydu yn ein Cymreictod. Boed i ti, O Dduw, ein llanw ni â'th gariad fel ein bod ni'n blant teilwng ohonot ti ym mhob ffordd ac i sicrhau ein bod ni'n lledaenu dy gariad di yn ein cymunedau, ar lawr cenedlaethol ac yn fyd-eang. Hyn a ofynnwn yn enw ein Harglwydd Iesu Grist. Amen.

ADNODAU ADDAS SY'N RHOI DIOLCH
(AM FYD NATUR)

(I'w cyflwyno'n unigol gan wahanol leisiau; gellir arddangos lluniau o harddwch byd natur yng Nghymru yn ystod yr haf.)

Grŵp o chwe phlentyn yn sefyll mewn deuoedd o'r chwith i'r dde.

'Diolchwch i'r Arglwydd, oherwydd da yw, ac y mae ei gariad hyd byth.'*(Salm 107:1)*

'Bloeddiwch mewn gorfoledd i'r Arglwydd, yr holl ddaear.' *(Salm 100:1)*

'Addolwch yr Arglwydd mewn llawenydd, dewch o'i flaen â chân.' *(Salm 100:2)*

'Gwybyddwch mai'r Arglwydd sydd Dduw; ef a'n gwnaeth, a'i eiddo ef ydym, ei bobl a defaid ei borfa.' *(Salm 100:3)*

'Dewch i mewn i'w byrth â diolch, ac i'w gynteddau â mawl. Diolchwch iddo, bendithiwch ei enw.' *(Salm 100:4)*

'Oherwydd da yw'r Arglwydd; y mae ei gariad hyd byth, a'i ffyddlondeb hyd genhedlaeth a chenhedlaeth.' *(Salm 100:5)*

GWEITHGAREDD GWNEUD/DATRYS TAGXEDO
MIS AWST

Ar gyfer y gweithgaredd hwn rhaid wrth gyfrifadur a sgrin yn y gwasanaeth. Gweler y cyfarwyddiadau a roddwyd ym mis Chwefror ar sut i ffurfio Tagxedo.

Geiriau addas y gellir eu gosod yn y Tagxedo ar gyfer mis Awst yw: eisteddfod, canu, llefaru, dawnsio, cenedlaethol, Cymru, llwyfan, drama, coron, cadair, cwpan, barddoniaeth, rhyddiaith, cynghanedd, cystadlu, ennill, colli, cyntaf, ail, trydydd ...

TARSIA MIS AWST
(Gwaith Cyfrifiadurol)

Cyfarwyddiadau gwreiddiol gyda deunyddiau gwasanaeth mis Ionawr.

Dyma enghraifft o 16 o gwestiynau/geiriau/brawddegau/atebion posibl er mwyn creu Tarsia mis Awst (os oes angen paratoi un o flaen llaw). Os gwneir y Tarsia yn y gwasanaeth, gall y plant a'r oedolion fwydo eu cwestiynau/atebion eu hunain ar y pryd.

Wythnos gyntaf mis Awst / Yr Eisteddfod Genedlaethol
Cystadleuaeth lwyfan sy'n ymwneud â chrefydd / Canu Emyn
Prif Gystadleuaeth Llefaru / Gwobr Llwyd o'r Bryn
Ysgrifennu Awdl / Ennill Cadair
Ennill Coron / Cystadleuaeth y Bryddest
Yr Orsedd / Gwisgoedd gwyn, glas a gwyrdd
Yn y Gogledd neu'r De / Cynnal eisteddfod am yn ail flwyddyn
Seremoni Gadeirio / Dydd Gwener
Dydd Llun / Defod y Coroni
Y Babell Lên / Cystadlaethau Llenydda
Dysgwr y Flwyddyn / Ennill Tlws
Lle i letya / Maes Carafanau
Y Fedal Ryddiaith / Seremoni ar Ddydd Mercher
Gwobr Goffa Daniel Owen / Cynhelir ar Ddydd Mawrth
Iolo Morganwg / Yr un a greodd yr Orsedd
Bryn Briallu, Llundain, 1792 / Yma cyfarfu'r Orsedd am y tro cyntaf

MYFYRDOD MIS AWST

Mae mis Awst wedi cyrraedd a ninnau bellach wedi cerdded drwy hanner y flwyddyn. Wrth edrych yn ôl, cawn gyfle i holi'n hunain; holi a ydyn ni wedi llwyddo i wneud rhywbeth o werth i eraill yn ystod y misoedd sydd wedi mynd heibio eleni.

Mis i ddathlu Cymreictod yw mis Awst. Mis Eisteddfod Genedlaethol Cymru a llwyfan amlwg i'r iaith Gymraeg. Boed i ni arddel yr iaith bob cyfle a gawn ac ymhyfrydu yn ein heniaith. Rydym ni'n ffodus fod y Beibl wedi cael ei gyfieithu i'r Gymraeg gan Yr Esgob William Morgan, a bod y gyfrol honno, nid yn unig wedi bod o gymorth ysbrydol i'r Cymry, ond wedi cadw'r iaith Gymraeg yn fyw hefyd. Drwy ymdrechion pobl fel Gruffydd Jones, Llanddowror fe lwyddwyd i ddysgu pobl i ddarllen y Beibl yn yr iaith Gymraeg, gan sefydlu ysgolion cylchynol dros Gymru gyfan. Dyma'r hyn a roes statws i'r iaith Gymraeg a pheri ein bod ni heddiw'n dal i fedru ei darllen a'i siarad hi yn ein cymunedau.

Digwyddiad unigryw i ni'r Cymry yw'r Eisteddfod Genedlaethol ac mae'n gyfle i ni arddangos ein diwylliant drwy gyfrwng yr iaith Gymraeg. Bydded i ni drysori pob peth o werth sy'n perthyn i'n diwylliant. Boed i ni hefyd sicrhau bod y doniau amrywiol sydd ym myd llefaru, canu, drama, llenydda a dawnsio yn parhau i fod yn rhan o'n hetifeddiaeth. Bydded i ni eu meithrin er clod a budd i'th enw di.

Wrth i ni ymgasglu at ein gilydd ar faes yr Eisteddfod Genedlaethol, boed i ni ymhyfrydu yn ein cenedl a'n cyd-ddynion. Dangoswn barch tuag at gyd-ddyn yn yr un modd ag y dangoswyd parch gan Grist tuag at y rhai a oedd o'i gwmpas yntau tra oedd ar y ddaear. Bydded i gariad Crist ein cwmpasu ni ymhob peth a ddywedwn ac a wnawn, fel bod ein perthynas ni â'n gilydd yn debyg i'r hyn yr wyt ti'n ei ddisgwyl oddi wrthym.

Fel rhai sy'n arddel enw Crist yn ein bywydau, boed i ni fynegi ein ffyddlondeb tuag ato yn y ffordd rydym ni'n ymddwyn o fewn ein gwlad ac yn y byd yn gyffredinol. Bydded i Air Crist fod yn ganllaw i ni fel ein bod ni'n gweithredu'n debycach i Grist. Yn ystod mis Awst, pan fo diwylliant Cymru yn cael ei amlygu, boed i ni gadw lles ein cyd-Gymry yn ein meddyliau. Bydded i gariad Crist fod yn ein calonnau'n barhaus gan wneud i ni estyn dwylo o gyfeillgarwch a charedigrwydd tuag at eraill sydd yn ein byd.

Cariad Iesu Grist,
cariad Duw yw ef:
cariad mwya'r byd,
cariad mwya'r nef.

Gobaith plant pob oes,
gobaith dynol-ryw,
gobaith daer a nef
ydyw cariad Duw.

Bythol gariad yw
at y gwael a'r gwan,
dilyn cariad Duw
wnelom ymhob man.

Molwn gariad Duw
ar bob cam o'r daith,
canu iddo ef
fydd yn hyfryd waith.

CWIS MIS AWST

Pa ŵyl arbennig sy'n cael ei chynnal ym Mis Awst?
(Yr Eisteddfod Genedlaethol)

Pa liw yw gwisgoedd Gorsedd yr Eisteddfod?
(Gwyn / glas / gwyrdd)

Ym mha ran o Gymru y cynhelir yr Eisteddfod ar ôl iddi ymweld â'r Gogledd?
(Y De)

Ym mha iaith mae rhaid i bobl gystadlu yn yr Eisteddfod Genedlaethol?
(Cymraeg)

Y Gwir yn erbyn _____ yw'r hyn a ddwedir o'r llwyfan adeg y Coroni neu'r Cadeirio?
(Y Byd)

Fel rheol, mae angen cynganeddu i ennill y brif wobr hon?
(Y Gadair)

Cynhelir y Brif Seremoni hon ar ddydd Llun yr Eisteddfod
(Y Coroni)

A oes _____? yw cwestiwn yr Archdderwydd i'r gynulleidfa
(Heddwch)

Beth yw enw'r ddawns sy'n cael ei chynnal yn dilyn y Coroni neu'r Cadeirio?
(Y Ddawns Flodau)

Beth yw lliw y rhuban a enillir yn y prif gystadlaethau canu?
(Glas)

MIS MEDI

EMYN MIS MEDI
(Tôn – 'O na bawn yn fwy tebyg')

Mis Medi – nôl i'r ysgol
Ar ôl y gwyliau haf,
Cael chwarae gyda'n ffrindiau,
A'r hin sy'n dal yn braf.
Mewn gwersi yn y dosbarth
Cawn ddysgu llawer iawn,
Perfformio mewn cyngherddau,
Beth bynnag yw ein dawn.

CYTGAN – Ym mis Medi rhoddwn fawl (X 4)

Daw cyfnod Diolchgarwch
Gan roi ein clod i Dduw
Am dlysni'r greadigaeth,
Am bopeth hardd a byw.
Mae'r porthiant yn y 'sgubor
Rôl cynaeafu'n llwyr,
A theg yw hun y ffermwr
Er lludded gyda'r hwyr.

Mae Dydd Glyndŵr i'w gofio,
Arweinydd dewr a ddaeth
I ymladd dros y bobl,
Rhyddhau y rhai fu'n gaeth.
Tywysog Cymru ydoedd
A dathlwn ddydd i'w glod –
Yr un a roes ei fywyd
Dros eraill cyn ein bod.

Roedd Waldo yn heddychwr
Na fynnai fynd i'r gad,
Ond byw yn dangnefeddus,
A chariad at ei wlad.
Yn fardd o fro'r Preselau
Rhoes genadwri gref
I bawb a feiddiai ddarllen
A gwrando ar ei lef.

Ym Medi seiniwn foliant
I arwyr mawr ein tir
A geisiodd gael cyfiawnder
A rhyddid dros y gwir.
Wrth roi ein diolchgarwch
Datganwn glod i'n Tad,
A rhannwn ni o'n cariad
Hyd erwau gwiw ein gwlad.

CÂN MIS MEDI
(Alaw – 'Bing, bong')

Mae mis Medi wedi dod,
Rhannwn wên wrth ganu clod,
Gwyliau hyfryd gawsom ni,
Chwarae gyda ffrindiau lu.

CYTGAN   Medi – down ynghyd,
Molwn Grëwr Byd,
Llawen fo ein cân,
Plantos mawr a mân.

Diolch am gynhaeaf wnawn,
Byrnau gwair a 'sgubor lawn,
Ffermwyr prysur wrth eu gwaith,
Porthiant sydd am fisoedd maith.

Dydd Glyndŵr a gaiff ei le,
Mynd i'r gad a wnaeth efe,
Ymladd dros ei wlad a'i iaith,
Arwr Cymru ar ei daith.

Diwrnod Cofio Waldo yw,
Bardd o fri a chennad Duw,
Crynwr a heddychwr oedd,
Moliant rown ag uchel floedd.

Felly canwn ninnau'n llu
Glod a mawl i'n Harglwydd cu,
Rhoddwn ddiolch iddo 'nawr –
Gofal Duw yn wir sydd fawr.

GWEDDI MIS MEDI

Trown atat ti, O Dduw, yn ystod mis Medi i ddiolch am bob cyfle a ddaw i'n rhan. Yr adeg hon o'r flwyddyn wrth i ni ddychwelyd i'r ysgol ar ôl gwyliau'r haf, diolchwn i ti am gynhesrwydd yr heulwen a wnaeth ein cynnal yn ystod y misoedd diwethaf yma. Diolch am amrywiaeth y tymhorau a'r newydd-deb a ddaw ym mhob tymor.

Ar ddechrau blwyddyn ysgol newydd, cawn gyfle i ailddechrau ar ein hastudiaethau, a chyfle hefyd i gamu i mewn i flwyddyn arall, fel petai. Wrth i ni edrych ymlaen i'r flwyddyn hon, mae'n bosibl edrych yn ôl hefyd. Boed i'r hyn a ddysgwyd gennym ddoe fod yn gymorth i ni wrth wynebu'r yfory. Bydded i ni afael yn yr hyn a oedd yn werthfawr a gollwng yr hyn a oedd yn ddiwerth; glynu wrth y da a throi cefn ar y drwg. Rydym wedi cael heddiw yn rhodd; bydded i ni wneud y defnydd gorau o'r dydd hwn a'r yfory a ddaw.

Yng nghyfnod diolchgarwch fel hyn, gwerthfawrogwn ein galluoedd oll. Y gallu i weld gogoniant y byd o'n cwmpas a chlywed cân aderyn yn ein clustiau. Bydded i ni ymdeimlo â'r rhai sy'n dioddef o dan ormes a chreulondeb yn ein byd a cheisio lleddfu ychydig ar eu dioddefaint.

Yn ystod y mis hwn fe gofiwn am Owain Glyndŵr – un a frwydrodd am gyfiawnder dros ei bobl. Gwna ni yn blant ac yn bobl a fydd yn ymfalchïo yn ein hunaniaeth gan sicrhau ein bod ni'n genhadon cywir dros ein cenedl a'n crefydd. Bydded i ni arddel ei hiaith a'i diwylliant a bod yn Gymry teilwng ohonot ti ar bob adeg.

Mewn byd o ddial a chasineb, bydded i eiriau Waldo – un a oedd yn heddychwr ac yn dangnefeddwr – atsain yn ein clustiau. Bydded i ofal at gyd-ddyn amlygu ei hun yn ystod ein bywyd gan wneud i ni rodio ar hyd llwybrau llawn tosturi a thrugaredd tuag at eraill.

Rhoddwyd i ni esiampl arbennig o hyn ym mywyd Crist ei hun. Ceisiwn felly fyw bywyd sy'n debyg iddo yntau a lledaenu ei gariad a'i ofal yn y byd ar hyd ein hoes. A hithau'n fis Medi ac yn ddechrau blwyddyn ysgol newydd, bydded i ti, O Dduw, wrando ar ein gweddi. Boed i ti fendithio'r misoedd hyn sydd o'n blaenau gan wybod ein bod ni'n gofyn y cyfan yn enw ein Harglwydd Iesu Grist. Amen.

TRIBANNAU MIS MEDI

Mae'r gwyliau wedi darfod,
A ninnau oll sy'n barod
I ddechrau tymor newydd sbon
Yng nghwmni llon pob aelod.

Mae'r dillad wedi'u prynu,
A'r gwallt sy wedi'i dorri,
Tudalen lân wrth ddechrau'r daith
A ddaw â gwaith i'n llethu.

Ac ym mis Medi ceisiaf
Roi diolch am gynhaeaf,
Y 'sgubor sydd i'w gweld mor llawn
O gynnyrch grawn i'r gaeaf.

Mae Dydd Glyndŵr i'w ddathlu,
Wrth ymladd roedd am drechu,
Yn arwr dewr dros ryddid gwlad
Gan fynd i'r gad dros Gymru.

Rhaid cofio diwrnod Waldo
A hanai o Sir Benfro;
Heddychwr oedd, yn Grynwr triw,
Gan arddel Duw wrth rodio.

Ac felly ym mis Medi,
Rhown fawl i'r Iôr mewn cerddi;
Diolchwn am ein byw a'n bod,
Gan ddatgan clod heb dewi.

RAP MIS MEDI

Mis Medi ddaeth yn sydyn
â'r gwyliau at eu terfyn.

Mynd i'r ysgol ar ein taith,
Rhoi'n holl fryd ar wneud y gwaith.

Am gynhaeaf rhoddwn glod,
'Sgubor lawn sydd werthfawr nod.

Dydd Glyndŵr – a aeth i'r gad,
Ymladd wnaeth dros ryddid gwlad.

Cofio Waldo'r Crynwr triw,
Canodd am dangnefedd Duw.

Ym mis Medi down yn llon,
Datgan mawl wna pawb o'r bron.

Tymor Diolchgarwch yw,
Rhoddwn oll ein mawl i Dduw.

CERDD MIS MEDI

Mis Medi yw a diwedd gwyliau haf,
Dechreuwn flwyddyn ysgol newydd sbon,
Y gwallt a'r wisg yn daclus yn eu lle,
Ac ar yr iard mae pawb yn chwarae'n llon.

Cawn gyfle 'nawr i roi ein diolch ni
Mewn capel neu mewn ysgol – dyna'n rhan;
Datganwn glod a mawl i Dduw ei hun,
Ein gŵyl o ddiolchgarwch yn y llan.

Rhaid dathlu Dydd Glyndŵr o fewn ein tir,
Arweinydd dewr a aeth â'i wŷr i'r gad,
Tywysog Cymru a fu'n brwydro'n hy,
Gan geisio cael cyfiawnder dros ei wlad.

Cofiwn am Waldo'r bardd â'i neges gref,
Yn sôn am 'Dangnefeddwyr – plant i Dduw';
Mewn byd o ddial a chasineb dyn,
Arddelwn ninnau'r geiriau doeth a'u byw.

Ac felly ym mis Medi deuwn oll
I'th wyddfod, gan roi diolch i ti Iôr;
Fel Cymry rhoddwn foliant nawr yn driw,
A'n gwerthfawrogiad clodwiw fel un côr.

ANERCHIAD/MYFYRDOD MIS MEDI

Mae hi'n ddechrau blwyddyn ysgol unwaith yn rhagor; dechrau newydd gan droi ein cefn ar yr hyn a fu – boed hynny'n felys neu'n chwerw.

Wrth gwrs, 'dyw dechrau blwyddyn newydd ddim yr un fath i bawb. Mae'r flwyddyn ar y calendr yn dechrau ym mis Ionawr ac yn gorffen ym mis Rhagfyr. Ond, i'r ffermwr, mae ei flwyddyn yntau'n dechrau yn y gwanwyn pan fo'r tir yn deffro ar ôl yr hirlwm gaeafol. Yna, i'r rhai hynny sy'n ymwneud ag arian a byd y dreth, mae'r flwyddyn yn dechrau ym mis Ebrill.

Ond pa bryd bynnag y mae'r flwyddyn newydd yn dechrau, mae'n golygu yr un peth i bawb, sef cyfle a dechreuad newydd. Cyfle i bob un ohonom osod yr hyn a wnaethom yn anghywir yn ein bywyd y tu cefn i ni ac edrych ymlaen i'r dyfodol yn obeithiol. Cyfle i droi'r methiant yn llwyddiant ac i ddefnyddio ein hamser yn gywir er budd pawb.

Mae mis Medi hefyd yn gyfnod oedfaon Diolchgarwch – adeg pan ydym yn diolch i Dduw am y Cread a byd natur yn ei gyfanrwydd. Yng Nghymru rydym ni'n ffodus o'n golygfeydd godidog a'n tymhorau amrywiol. Diolchwn felly am awel falmaidd y gwanwyn a heulwen gynnes yr haf. Diolchwn hefyd am liwiau euraidd yr hydref a mantell wen y gaeaf. Hyfryd yw gweld y dyffrynnoedd gwyrdd a'r moelydd mynyddig sydd o'n cwmpas, a bydded i ni eu gwerthfawrogi ar bob adeg.

Fel Cymry, mae ein hunaniaeth ni yn hollbwysig a dylem ymdrechu ar bob adeg i gadw ac i drysori ein diwylliant a'n hiaith. Fe gofiwn am Owain Glyndŵr ar yr unfed ar bymtheg o'r mis hwn. Ef oedd yr olaf o Dywysogion Cymru ac yn un a arweiniodd ei bobl yn erbyn teyrnasiad Lloegr dros ei wlad. Er iddo fod yn aflwyddiannus, bydded i ni gael yr un cryfder i arwain eraill yn erbyn yr hyn a deimlwn ninnau sy'n annheg o fewn ein gwlad a hefyd yn y byd yn gyffredinol.

Mae'r mis hwn yn gyfnod pan gofiwn am y bardd Waldo Williams a hanai o Sir Benfro gan fod y degfed ar hugain o fis Medi wedi'i glustnodi fel Diwrnod Waldo. Roedd Waldo Williams yn Grynwr ac yn heddychwr ac mae hyn yn cael ei ddatgan yn eglur iawn yn ei farddoniaeth. Mewn byd sy'n llawn trais a gormes, bydded i genadwri'r bardd ledu drwy ein gwlad a'n byd ac i gariad a gofal dros eraill amlygu ei hun.

Daeth Crist i'n byd fel esiampl o'r ffordd y dylem ni ymddwyn. Fel Cristnogion sy'n perthyn i'w eglwys ef, dylem, ar bob adeg, geisio byw bywyd yn llawn tosturi, gan weld anghenion eraill.

> Dysg im garu pan fo'r byd yn gas,
> pan fo'r byd yn greulon rho im ras;
> boed y daith yn gân i gyd,
> cadw fi'n dy gwmni di o hyd.
>
> Hŷn wyt, Arglwydd, na'r hen fyd mawr crwn,
> iau wyt hefyd na'r diwrnod hwn;
> hen a newydd wyt ynghyd,
> rhodiaf yn dy gwmni di o hyd.

CWIS MIS MEDI

Pa flwyddyn arbennig sy'n dechrau ym mis Medi?
(Blwyddyn ysgol)

Ym mha dymor mae blwyddyn y ffermwr yn dechrau?
(Y gwanwyn)

Pa oedfaon arbennig sy'n cael eu cynnal ym mis Medi?
(Diolchgarwch)

Pa ddyddiad ym mis Medi yw Dydd Owain Glyndŵr?
(Medi 16)

Pwy oedd Owain Glyndŵr?
(Yr olaf o Dywysogion Cymru)

Yn erbyn pwy y bu e'n brwydro?
(Yn erbyn teyrnasiad Lloegr dros Gymru)

A fu e'n llwyddiannus?
(Naddo)

Â pha sir yng Nghymru rydym ni'n cysylltu Waldo Williams?
(Sir Benfro)

Pryd mae diwrnod Waldo?
(Medi 30)

Pa enwad o Gristnogaeth roedd Waldo Williams yn perthyn iddo?
(Y Crynwyr)

CYFLWYNIAD – 'COFIO WALDO'
(Pedwar o blant yn sefyll mewn hanner cylch)

Llais 1:   Y degfed ar hugain o Fedi yw 'Diwrnod Cofio Waldo'.

Llais 2:   Do – cafodd Waldo Williams ei eni ar y dyddiad hwn yn y flwyddyn 1904.

Llais 3:   Roedd ei dad ar y pryd yn athro mewn ysgol gynradd yn Sir Benfro.

Llais 4:   Rydym yn cofio Waldo oherwydd ei fod e'n un o feirdd mwyaf Cymru. I lawer o bobl, ef oedd bardd Cymraeg mwyaf yr ugeinfed ganrif.

(Gellid chwilio am lun o Waldo Williams ar y we a'i osod ar fwrdd gwyn rhyngweithiol/sgrin os oes system gyfrifiadurol ar gael,)

Llais 1:   Cafodd Waldo Williams ei eni yn nhref Hwlffordd yn Sir Benfro, ond ym mhentref Mynachlog-ddu ger Crymych y dysgodd e'r iaith Gymraeg pan oedd e tua'r saith mlwydd oed.

Llais 2:   Cafodd ei fagu felly yn Sir Benfro a bu'r ardal honno'n ddylanwad mawr ar ei fywyd a'i waith.

Y PLANT FEL GRŴP yn cyd-lefaru:

Mur fy mebyd, Foel Drigarn, Carn Gyfrwy, Tal Mynydd,
Wrth fy nghefn ym mhob annibyniaeth barn.

Llais 3:   Ar y dechrau, Saesneg oedd yr unig iaith roedd Waldo yn ei siarad â'i deulu ac fe soniodd yntau nifer o weithiau mai yn Saesneg y dechreuodd ef a'i chwaer Morfydd farddoni.

Llais 4:   Er hyn, pan symudodd y teulu o Hwlffordd i fyw i ardal Mynachlog-ddu, newidiodd bywyd Waldo'n gyfan gwbl – ynghyd â'i gymdeithas a'i iaith.

Llais 1: Un gyfrol o gerddi'n unig a gyhoeddodd Waldo Williams erioed. Yr enw ar y gyfrol hon yw Dail Pren – sy'n un o glasuron yr iaith Gymraeg.

Llais 2: Fe gofiwn amdano hefyd am ei fod yn heddychwr mawr. Fe wynebodd e ddau gyfnod yn y carchar am wrthod talu treth incwm a hynny mewn protest yn erbyn gorfodaeth filwrol a rhyfela.

Llais 3: Yna, pan oedd yntau'n ganol oed ymunodd â'r Crynwyr. Roedd e wrth ei fodd yn nistawrwydd addoliad Tŷ Cwrdd y Crynwyr.

Llais 4: Dyma enghraifft o un o gerddi enwocaf Waldo Williams – sef 'Cofio'.

PAWB *(Y grŵp o bedwar yn closio at ei gilydd ac yn cyd-lefaru)*:

Un funud fach cyn elo'r haul o'r wybren,
Un funud fwyn cyn delo'r hwyr i'w hynt,
I gofio am y pethau anghofiedig
Ar goll yn awr yn llwch yr amser gynt.

Fel ewyn ton a dyr ar draethell unig,
Fel cân y gwynt lle nid oes clust a glyw,
Mì wn eu bod yn galw'n ofer arnom –
Hen bethau anghofiedig dynol ryw.

Camp a chelfyddyd y cenhedloedd cynnar,
Aneddau bychain a neuaddau mawr,
Y chwedlau cain a chwalwyd ers canrifoedd,
Y duwiau na ŵyr neb amdanynt 'nawr.

A geiriau bach hen ieithoedd diflanedig,
Hoyw yng ngenau dynion oeddynt hwy,
A thlws i'r glust ym mharabl plant bychain,
Ond tafod neb ni eilw arnynt mwy.

O, genedlaethau dirifedi daear,
A'u breuddwyd dwyfol a'u dwyfoldeb brau,
A erys ond tawelwch i'r calonnau
Fu gynt yn llawenychu a thristáu?

Mynych ym mrig yr hwyr, a mi yn unig,
Daw hiraeth am eich 'nabod chwi bob un;
A oes a'ch deil o hyd mewn cof a chalon,
Hen bethau anghofiedig teulu dyn?

GWEITHGAREDD GWNEUD/DATRYS TAGXEDO
MIS MEDI

Ar gyfer y gweithgaredd hwn rhaid wrth gyfrifadur a sgrin yn y gwasanaeth.
Gweler y cyfarwyddiadau a roddwyd ym mis Chwefror ar sut i ffurfio Tagxedo.

Geiriau addas y gellir eu gosod yn y Tagxedo ar gyfer mis Medi yw: ysgol, gwersi, diolchgarwch, cread, sgubor, cynhaeaf, Glyndŵr, arwr, Waldo, bardd, heddwch, Crynwr ...

MIS HYDREF

EMYN MIS HYDREF
(Tôn – 'Sicrwydd Bendigaid')

Duw y Creawdwr, gwrando ein llef,
Ti ydyw Lluniwr daear a nef;
Hydref a'i awel rodia drwy'r tir,
Rhoddwn ein mawl mewn geiriau sy'n glir.

CYTGAN   Seiniwn ein diolch am Hydref a'i swyn,
Harddwch y lliwiau coeth ar bob twyn;
Canwn ein moliant, tlws ydyw'r byd,
Duw ydyw Crëwr tegwch o hyd.

Hydref a'i ddail sy'n disgyn i'r llawr,
Coedydd yn waglaw, noethlwm yn awr,
Sgubo a sgubo, gosod mewn rhes,
Coelcerth a'i fflamau'n gynnes eu gwres.

Diolch a wnawn am gyfnod mor hardd,
Lliwiau sy'n deg o'n cwmpas a dardd,
Moliant a rown am Hydref a'i stôr,
Canwn ein clod am gampwaith yr Iôr.

CÂN MIS HYDREF
(Alaw – 'Oes Gafr Eto?')

Mis Hydref eto, cyfnod y crino,
Hydref pan fo'r dail ar lawr oll wedi gwywo.
Awel oer, oer, oer,
Ie – oer wynt, oer wynt, oer wynt,
Gwisg sy'n gynnes, gwisg sy'n gynnes,
Gwyntoedd oer o'n cwmpas,
Oer, oer, oer.

Mis Hydref eto, cyfnod y crino,
Hydref pan fo'r dail ar lawr oll wedi gwywo.
Coed sy'n noeth, noeth, noeth,
Ie – noethlwm, noethlwm, noethlwm,
Trist eu golwg, trist eu golwg,
Coedydd noeth o'n cwmpas,
Noeth, noeth, noeth.

Mis Hydref eto, cyfnod y crino,
Hydref pan fo'r dail ar lawr oll wedi gwywo.
Lliwiau hardd, hardd, hardd,
Ie – hardd fis, hardd fis, hardd fis,
Brown a melyn, brown a melyn,
Natur hardd o'n cwmpas,
Hardd, hardd, hardd.

TRIBANNAU MIS HYDREF

Mis Hydref ar ôl Medi
A ddaw mae'n siŵr eleni,
Ac awel oerach yn y tir
Cyn gaeaf hir i'n llethu.

Fe fydd y dail yn crino,
A'r cyfan oll yn huno,
Y brigau'n noeth ar lawr y cwm,
A'r coed yn llwm wrth wywo.

Y lliwiau oll o'n cwmpas
Sy'n codi'n hysbryd llwydlas,
Amrywiaeth welir ar bob llaw
Er dyfod glaw sy'n ddiflas.

Yr Hydref a glodforwn –
Am natur oll diolchwn;
Mewn moliant plygwn gerbron Duw,
Ein Crëwr gwiw addolwn.

PARODI MIS HYDREF
(seiliedig ar 'CWM ALLTCAFAN' gan T. Llew Jones)

Welsoch chi mo harddwch Hydref
Gyda'i euraidd ddail yn llu?
Gyda'i fantell goeth yn donnog,
Naddo, naddo chi?

Glywsoch chi yn awel Hydref
Gân aderyn yn y brwyn?
Glywsoch chi ymysg y coedydd
Siffrwd dail ym mrigau'r llwyn?

Deimloch hafaidd boethder? – Naddo?
Na, na gwyntoedd rhewllyd 'chwaith,
Ond fe ddaw yn rhin yr Hydref
Awel falmaidd lawer gwaith.

Gweled lili wen y gwanwyn
Ym mis Hydref? Naddo fi.
Tra bu rhai yn chwilio'r heulwen,
Dawns y dail sydd well gen i.

Ewch trwy fisoedd teg y flwyddyn
Neu'r tymhorau yn eu tro,
Ewch ar hyd y dyddiau lawer,
Oriau diddan a gewch sbo.

Ond i mi rhowch drem gyfoethog
Pan fo Hydref yn y tir,
Yno mae'r olygfa harddaf
A chewch gadw'r lleill yn wir.

Welsoch chi mo harddwch Hydref
Gyda'i euraidd ddail o'r bron?
Dewch da chi i flasu Hydref,
Molwch Dduw mewn ysbryd llon.

GWEDDI MIS HYDREF

Trown atat ti, O Dduw, yn awel hyfryd mis Hydref fel hyn, i ddiolch am harddwch y greadigaeth. Yr adeg hon o'r flwyddyn, mor braf yw gweld y lliwiau cyfoethog o'n cwmpas; y melyn a'r gwyrdd; yr oren a'r brown. Ydy –

Y mae Duw yng ngwyrth y cread,
Ef yw awdur popeth byw.

Wrth i ni gyd-addoli yma, gad i ni ddiolch am bob tymor yn ei dro. Sylweddolwn hefyd fod 'na Grëwr arbennig y tu cefn i'r cyfan. Wrth i'r dail araf grino a syrthio i'r ddaear fe amlygir noethni canghennau'r coed. Boed i ni, er hyn, ddeall y daw bywyd newydd i'r tir maes o law, a chyfle i ninnau adfywio ein hunain yn dy bresenoldeb di.

Er i'r caddug gau amdanom wrth i ni agosáu at ddiwedd blwyddyn, boed i ni feddwl fwyfwy am y rhai hynny yn ein cymuned sydd ar aelwyd unig yn ystod y mis hwn. Cofiwn am y rhai sy'n dioddef o afiechyd neu'n hiraethu am anwyliaid a gollwyd yn ystod y cyfnod a aeth heibio. Boed i ni ymweld â nhw a chynnig ychydig gwmnïaeth iddynt.

Gwyddom fod awel groes mis Hydref yn ein cwmpasu ni'n raddol, eto, boed i ni roi cynhesrwydd ein ffydd ar waith ymysg y bobl yn y byd yn gyffredinol. Fel plant ac oedolion, rydym oll yn ffodus o gael to uwch ein pennau a bwyd maethlon ar ein byrddau, tra bod eraill yn y byd sy'n ddigartref neu'n gorfod dioddef o brinder bwyd. Dysg ni oll, yn ôl d'ewyllys di, O Arglwydd, i ddangos caredigrwydd tuag at eraill ac i'w cynorthwyo pan fo galw am hynny. Cofiwn am Iesu'n estyn llaw i gynorthwyo eraill, a boed i ni weld yr angen hwnnw yn ein byd, ar bob adeg.

Mae mis Hydref yn gyfnod pan fo rhai anifeiliaid yn ystyried mynd i gysgu dros gyfnod tywyll y misoedd sydd ar ddod. Yn wyneb hyn, deffra ninnau O Dduw i'n cyfrifoldebau, gan sicrhau bod dy waith di yn cael ei gyflawni yn y byd hwn. Ynghanol tlysni lliwiau byd natur ym mis Hydref, gad i harddwch ein gweithredoedd ninnau fod yn amlwg yn y byd sydd o'n cwmpas.

Diolch i Ti O Dduw am y gallu i barhau â'th waith tra yma ar y ddaear, a boed i awelon y mis hwn ein cymell ni, ar bob adeg, i fod yn genhadon teilwng dros enw Iesu Grist yn y byd.

Hyn a ofynnwn yn dy Enw di. Amen.

RAP MIS HYDREF

Ym mis Hydref deuwn ni
I'th gynteddoedd Arglwydd cu.

Down â diolch yn ein cân,
Rhoddwn fawl – yn fawr a mân.

Hardd yw'r dail sydd ar y coed,
Mis yr Hydref yw'n ddi-oed.

Lliwiau coeth – maent yma'n fyrdd,
Coch a melyn, brown a gwyrdd.

Er i natur gysgu oll,
Deffra ni o'n crwydro coll.

Drwy'r tywyllwch ar bob tu,
O'th Oleuni rho i ni.

Fel cenhadon gwna ni'n driw
I'th wasanaeth tra bôm byw.

Pan fo'r nos yn hir i rai,
Rhannwn gariad pur di-fai.

Galw heibio, rhannu gair,
Bod yn glên fel Mab y Saer.

Doed cenhedloedd byd yn un –
Plant y ddaear yn gytûn.

Bydded y mis Hydref hwn
Yn ein plith – heb boen na phwn.

Rhoddwn i ti Iôr ein clod,
'Mysg holl gyfoeth lliwiau'r rhod.

CERDD MIS HYDREF

Clodforwn di ein Harglwydd Iôr yn awr
Yn nhes mis Hydref gyda'i wedd mor hardd;
Y Greadigaeth ar ei gorau sydd
Yng nghyfoeth tlysni'r dail mewn llwyn a gardd.

Amrywiol liwiau welir ym mhob man –
Y coch a'r melyn, oren, brown a'r gwyrdd;
Y Greadigaeth ar ei gorau sydd
Yn harddu'r coed a welir ar y ffyrdd.

Mis Hydref ddaw cyn oerni'r gaeaf wynt –
Pan fydd pob peth mewn trwmgwsg yma'n wir;
Y Greadigaeth ar ei gorau sydd
Er gwaetha'r anffrwythlondeb yn ein tir.

Wrth droedio drwy holl ddyddiau blin y mis –
Cynhesa Di ein c'lonnau ninnau 'nawr;
Y Greadigaeth ar ei gorau sydd
Yng ngwaith 'Cenhedloedd Byd' sydd ar y llawr.

Yn awel fwyn mis Hydref molwn Di –
A dwg holl bobloedd daear oll yn un;
Y Greadigaeth ar ei gorau sydd
Dan faner cariad Crist – oll yn gytûn.

TARSIA MIS HYDREF
(Gweithgaredd Cyfrifiadurol)

Cyfarwyddiadau gwreiddiol gyda deunyddiau gwasanaeth mis Ionawr.

Dyma enghraifft o 16 o gwestiynau/geiriau/brawddegau/atebion posibl er mwyn creu Tarsia mis Hydref (os oes angen paratoi un o flaen llaw). Os gwneir y Tarsia yn y gwasanaeth, gall y plant a'r oedolion roi eu cwestiynau/atebion eu hunain ar y pryd.

Y degfed mis o'r flwyddyn / Mis Hydref
Lliwiau'r Hydref / Melyn, brown ac oren
Dydd Cenhedloedd Unedig / Hydref 24
Mae hon yn hoffi cnau / Y wiwer
Coed yn noeth / Dail ar lawr
Mae'r rhain yn hoff o ddawnsio / Dail yr Hydref
Aiff ambell un i gysgu dros y gaeaf / Anifeiliaid
Chwythu a wna yn ystod y mis hwn / Y gwynt
Ceisio cael gwledydd i gytuno / Mudiad Cenhedloedd Unedig
Crëwr byd natur / Duw
Defnyddiol i sgubo'r dail / Brwsh
Dail yn crino / Dail yn gwywo
Cot gynnes / Angen gwisgo hon ym mis Hydref
Nosweithiau'r Hydref / Tywyllwch o'n cwmpas
Hanes y Creu yn y Beibl / Llyfr Genesis
Ennill awr / Clociau'n mynd yn ôl

MIS TACHWEDD

<<<<<<<<<<<<<<<<<<<<<<<<<<<<<<<<<<<<<<<<<<<<<<<<<<<<<<<<<<<<<<<<<<<<<<<<<<<<<<<<<<<<<<<<<<<<

EMYN Y COFIO
(Alaw – 'Cân Annie'/'Annie's Song')

Mis Tachwedd sydd yma, rhown glodydd i'r dynion,
Y rhai hyn a frwydrodd dros heddwch i'n byd,
Y milwyr oedd ffyddlon i'r alwad a roddwyd;
Mewn geiriau o deyrnged, fe'u cofiwn ynghyd.
Am aberth y bechgyn ymladdodd dros ryddid
Rhaid diolch yn daeog am ddewrder eu ffydd,
Y gwŷr na ddaeth adref i groeso yr aelwyd,
Mis Tachwedd sydd yma – calonnau yn brudd.

Mewn moliant addolwn, yn wylaidd y plygwn
I'r Iôr sydd yn lleddfu pob hiraeth a chlwy;
Dros arwyr y frwydr rhown glodydd yn daeog,
Y rhai hyn a fyddant yn ifanc fyth mwy.
Mewn byd sydd yn llawn o atgasedd a dial,
Fe geisiwn ni rodio fel brodyr yn driw,
Gan rannu o'n cariad 'mhlith pobl y ddaear;
Mewn moliant addolwn gerbron gorsedd Duw.

CÂN Y COFIO

(Alaw – 'Sosban Fach')

Mis Tachwedd yw'r mis i ni gofio
Y dynion fu'n brwydro dros ein gwlad;
Y gwŷr a aeth ymaith i ymladd,
Dros ryddid fe gollon nhw eu gwa'd.

CYTGAN   Gwrando, Iôr, ein cennad atat ti,
Grym dy Air sy'n ganllaw gref i ni,
A dyro o'th heddwch yn y byd.

Y milwyr fu'n deyrngar i'r alwad
Gan adael eu ceraint ar eu hôl;
Y rhai hyn a gofiwn ni heddiw,
Y bechgyn na ddaethon nhw yn ôl.

Teyrnased brawdgarwch o'n cwmpas,
A chariad at gyd-ddyn fyddo'r nod;
Mewn geiriau o foliant ymgrymwn
Gan roddi i'r Arglwydd mawr ein clod.

RAP MIS TACHWEDD Y COFIO

Mis Tachwedd – mis y cofio
Am filwyr aeth i frwydro.

Dynion lu ar faes y gad,
Ymladd wnaethant dros eu gwlad.

Gwŷr a thadau ifainc oll,
Colli bywyd yn ddi-goll.

Siom a hiraeth ddaeth i'r fro,
Gwacter aelwyd yn ei dro.

Mewn gwasanaeth yma nawr
Rhown wrogaeth blant y llawr.

Ac wrth gofio'r golled drist,
Arddel wnawn ni gariad Crist.

Ceisiwn fyw'n gytûn o hyd,
Heb ryfela yn y byd.

Meithrin parch at ddynolryw,
Dilyn camre Crist wrth fyw.

Boed i blant y ddaear gron
Fyw heb ormes yn eu bron.

Dduw ein Tad, O arwain ni
Fyth i'th ddilyn, Arglwydd cu.

CERDD I FIS TACHWEDD Y COFIO

Fe ddaeth mis Tachwedd gyda'i gofio dwys,
A ninnau rown wrogaeth yn dy dŷ
I'r gwŷr fu'n brwydro'n galed dros eu gwlad,
Y rhai a gollodd fywyd oedd mor gu.
Wrth blygu pen, gweddïwn oll ar Dduw
Am nerth i'r rhai adawyd ar eu hôl
Mewn galar am anwyliaid aeth i'r gad
O'u colli – ymgeledda nhw'n dy gôl.
Y dagrau chwerw welwyd ar bob grudd,
A'r c'lonnau brau o'u mewn dan hiraeth prudd.

Yn oes y bom a'r arfau niwcliar blin,
Dwysbiga di gydwybod euog fron
I weld mai cariad ydyw'r grym rydd nerth
I ddwyn tangnefedd ar y ddaear hon.

Gwasgarwn hadau heddwch drwy'r holl fyd
A chodwn faner cariad Crist ynghyd.

TRIBANNAU'R COFIO

Hwn ydyw'r mis i gofio
Y gwŷr a aeth i frwydro,
Eu haberth dewr ar faes y gad
Dros erwau'r wlad a'u maco.

Y milwyr ifainc gollwyd,
Teuluoedd amddifadwyd,
Y rhai na ddaethant hwy yn ôl
I gynnes gôl yr aelwyd.

Wrth blygu pen yn isel,
Gweddïwn ninnau'n dawel
Na ddaw i'n plith 'run llid na chroes
I sathru'n hoes 'da'r awel.

Terfysgwyr sydd mor greulon
A'n c'lonnau'n llawn pryderon,
Boed i ti Iôr ein nerthu ni
I drechu'r llu helbulon.

Yng nghariad Crist bodolwn,
Ac yn ei dŷ addolwn,
Trwy rym y Gair gwnawn fyw'n ddi-goll
A'i enw oll ganmolwn.

MYFYRDOD 'MIS Y COELCERTHI A'R COFIO'

Mae hi'n fis Tachwedd unwaith yn rhagor; 'Mis y Coelcerthi' a 'Mis y Cofio.' Mis pan fo'r nos yn hir a'r tywyllwch yn cau amdanom.

Ar ddechrau mis Tachwedd, mae pobl yn ddyfal wrthi'n casglu amrywiaeth o bethau i'w gosod yn bentwr ar ben ei gilydd ar gyfer eu coelcerthi. Coelcerthi a gaiff eu cynnau ar y pumed o'r mis hwn. Bydd rhai yn chwilio am ganghennau o goed a hen deiars, tra bod eraill yn meddwl am gasglu papurau newydd a dail sych; unrhyw beth i greu tanchwa lwyddiannus. Bydd angen gofal wrth gynnau'r tân gan sicrhau nad oes neb yn sefyll yn rhy agos i'r goelcerth. Mwy na thebyg bydd tân gwyllt ychwanegol yn cael eu cynnau hefyd a'r rheini wedi'u hanelu tua'r awyr, gan arllwys eu lliwiau godidog i harddu'r nen. Llawer o baratoi o flaen llaw a llawer o ofal ar y noson.

Wrth i ni feddwl am fflamau'r goelcerth sy'n llenwi'r awyr yn ystod mis Tachwedd, fe allwn ninnau ddwyn ar gof y fflamau gynt a ddisgynnodd ar ganlynwyr cynnar yr Eglwys Fore a'u llenwi â'r Ysbryd Glân. Yr Ysbryd hwn a barodd iddynt fynd ar eu cenhadaeth i bedwar ban byd a chyhoeddi Gair Duw ymhlith y bobl. Dyma sut daeth y genadwri atom ni yng Nghymru fach. Boed i fflam ein ffydd ni barhau i gynnau'n gryf felly, a hynny yn wyneb treialon a themtasiynau ein hoes. Boed i'r gwres ein cynhesu ninnau at Air Duw fel bod yr arweiniad a geir o fewn y Beibl yn ganllaw ar gyfer ein bywyd ni yn y byd.

> Air Disglair Duw,
> dyro d'olau i Gymru heddiw,
> tyrd, Ysbryd Glân,
> rho dy dân i ni:
> rhed, afon gras,
> taena gariad ar draws y gwledydd,
> dyro dy air
> a goleuni a fydd.

Mae mis Tachwedd hefyd yn fis i gofio'r rhai a fu'n brwydro dros eu gwlad. Mynd i ryfel er mwyn ceisio dod â buddugoliaeth yn erbyn y gelyn; ymladd er mwyn cael cyfiawnder. Ond o ganlyniad i'r holl frwydro, bu llawer o golledion a gadawyd hiraeth mawr yng nghalonnau y teuluoedd a oedd ar ôl ar yr aelwydydd.

Mewn byd sy'n llawn o ymladd a dial, mae angen i ni sylweddoli mai cariad yw'r arf mwyaf y gall unrhyw un ei arddel ac mai trwy drafod ac ystyried safbwyntiau eraill y gallwn ni geisio dod â heddwch i'n byd. Dysgodd Crist i'w bobl am 'droi'r foch arall' ac i gerdded yr ail filltir heb gyfrif y gost.

> Rhyfeddwn at y Cariad nad ydyw ddim
> Yn darfod fyth, a'i dyner nawdd yn rym;
> Dy wyneb, Dad, a welwn ymhob un
> Drwy'r Cariad hael sy'n obaith teulu dyn.
> Cofleidied breichiau Hwn genhedloedd byd,
> A maged bob cenhedlaeth yn ei grud.

Yn ystod mis Tachwedd – 'Mis y Goelcerth a'r Cofio' – bydded i bawb ohonom geisio efelychu camre Crist ar ein taith drwy'r byd. Boed i ni sicrhau bod fflam ein ffydd yn aros fyth ynghynn. Trwy gofio aberth y rhai a fu'n brwydro, bydded i ni sicrhau bod heddwch yn teyrnasu yn ein tir. Boed i eiriau'r emynydd seinio'n barhaus yn ein clustiau; geiriau sy'n dweud:

> Cariad yw fy fflam fach i,
> Rhannaf ei golau hi.

RAP SUL Y BEIBL

Heddiw Sul y Beibl yw,
Deuwn oll i foli Duw.

Cyfrol droswyd i'r Gymraeg –
Sail y neges sydd yn graig.

William Morgan oedd y gŵr,
Mawr ei gyfran ef yn siŵr.

Rhoddodd hwn y Gair i ni –
Ennill wnaeth eneidiau cu.

Mary Jones i'r Bala aeth,
Troednoeth gerddodd ar ei thaith.

Beibl fynnodd hi ei gael,
Thomas Charles a'i rhoes yn hael.

Felly diolch rown ynghyd
Am bob Beibl yn ein byd.

Cadarn yw ei gyngor oll,
Ceisiwn ddilyn e'n ddi-goll.

Heddiw Sul y Beibl yw,
Deuwn oll i foli Duw.

CERDD SUL Y BEIBL

Ar Sul y Beibl diolch rown ynghyd
Am gyfrol sydd yn werthfawr yn ein byd,
Yr Hen a'r Newydd yma yn gytûn
Mewn llyfr a draetha am broffwydi dyn.
Y Creu a'r Salmau oll yn glir drwy'r gair,
A bywyd Crist ei hun – etifedd Mair.

Bu William Morgan wrthi'n gweithio'n driw
I roi cyfieithiad mewn Cymraeg oedd fyw,
Tra Mary Jones mor daer, yn droednoeth aeth
I'r Bala i gael Beibl yn ei hiaith.
Ac am ei hymdrech, Thomas Charles a roes
Ei Feibl ef – yn ganllaw gref am oes.

Heddiw drwy arddel gair y Beibl hwn,
Fe rannwn gariad Crist drwy'r byd yn grwn.

TRIBANNAU SUL Y BEIBL

Sul y Beibl yma sydd,
Moliant roddwn drwy ein ffydd
Am gyfrol gaed sy'n werthfawr iawn –
Yn ganllaw llawn in beunydd.

Wrth ddarllen rhwng y cloriau,
Cawn hanes hen y Tadau,
Y rhai fu'n brwydro dros eu cred,
Gan fynnu lledu'r geiriau.

Drwy Grist daeth newydd fywyd,
Ei ddameg hoff a glywyd,
A'r gwyrthiau roes wellhad oedd fawr,
I blant y llawr bu'n abwyd.

Am Feibl cyd-ddiolchwn,
A Duw ei hun glodforwn
Am anfon Crist i'n byd o'i fodd,
Yn werthfawr rodd canmolwn.

Mis Tachwedd fe gawn ddathlu
Y Beibl ddaeth i Gymru,
Tra Duw ei hun ar Orsedd Nef
A glyw ein llef wrth foli.

CWIS MIS TACHWEDD

Pa fis o'r flwyddyn yw mis Tachwedd?
(**Yr unfed ar ddeg**)

Beth sy'n cael ei adeiladu ar Dachwedd 5?
(**Coelcerth**)

Tân _____ yw'r enw ar y rocedi sy'n cael eu cynnau ar y pumed o Dachwedd?
(**Gwyllt**)

Beth oedd enw'r person, yn ôl hanes, y dwedir iddo geisio chwythu'r Senedd i fyny yn Llundain ?
(**Guto Ffowc**)

Ar ba ddyddiad o fis Tachwedd mae Dydd y Cofio?
(**Tachwedd 11**)

Am faint o'r gloch ar Ddydd y Cofio cawn ni funud o dawelwch?
(**11 o'r gloch**)

Pwy fel rheol sy'n cael eu cofio ar y dydd arbennig hwn?
(**Milwyr a laddwyd mewn rhyfeloedd**)

Ym mha flwyddyn gorffennodd Yr Ail Ryfel Byd?
(**1945**)

Pa flodyn a wisgir gan bobl er mwyn dangos eu bod nhw'n cofio'r rhai a laddwyd mewn rhyfeloedd?
(**Y Pabi Coch**)

Yn ddiweddar, pa flodyn a wisgir gan bobl fel symbol o heddwch ym mis Tachwedd?
(**Y Pabi Gwyn**)

Pa lyfr a gofiwn ar Sul arbennig ym mis Tachwedd?
(Y Beibl)

Ceir yr 'Hen' a'r 'Newydd' o'r rhain yn y Beibl.
(Testament)

Pwy gyfieithodd y Beibl i'r Gymraeg?
(William Morgan)

Beth oedd enw'r ferch a gerddodd i'r Bala er mwyn cael Beibl?
(Mary Jones)

Pwy roddodd Feibl i Mary Jones?
(Thomas Charles)

GWEITHGAREDD GWNEUD/DATRYS TAGXEDO MIS TACHWEDD

Ar gyfer y gweithgaredd hwn rhaid wrth gyfrifadur a sgrin yn y gwasanaeth.

Gweler y cyfarwyddiadau a roddwyd ym mis Chwefror ar sut i ffurfio Tagxedo.

Geiriau addas y gellir eu gosod yn y Tagxedo ar gyfer mis Tachwedd yw: coelcerth, cynnau, fflamau, llosgi, tân, aberth, blodyn, brwydr, cofio, pabi, rhyfel, ymladd, Sul y Beibl, Testament, Bala ...

MIS RHAGFYR

<><><><><><><><><><><><><><><><><><><><><><><><><><><><><><><><>

CAROL Y GENI
(Alaw – 'Pwy sy'n dŵad dros y bryn?')

Pwy yw'r baban welir draw
Sy'n gorwedd yn y gwair?
Ym Methlehem y ganwyd ef
Yn fab i'r Forwyn Fair.
A Joseff yw ei ffyddlon dad,
Saer gweithgar ydyw ef;
Mab Duw, Mab Duw, yw'r Crist, yw'r Crist
A ddaeth i lawr o'r nef.

Bugeiliaid ddaethant oll yn llon
I weled plentyn Duw,
Ac oen a roesant oll yn hael
I Geidwad dynolryw.
Angylion gyda'u neges glir
Am un a ddaeth o'r nef;
Mab Duw, Mab Duw, yw'r Crist, yw'r Crist,
Gogoniant iddo ef.

Y doethion welsant seren dlos
A'i dilyn hi yn daer,
Nes iddi aros uwch y crud
Lle ganwyd baban Mair.
A rhoesant eu hanrhegion drud,
Â moliant yn eu llef;
Mab Duw, Mab Duw, yw'r Crist, yw'r Crist
A ddaeth i lawr o'r nef.

A heddiw wele ninnau 'nawr
Yn plygu ger ei fron,
A Gŵyl y Geni sydd yn wir
Yn ddathliad llafar, llon.
Wrth gofio gwyrth y cread mawr,
Rhown fawl i Frenin nef;
Mab Duw, Mab Duw, yw'r Crist, yw'r Crist,
Gogoniant iddo ef!

CAROL Y DOETHION

(Alaw – 'Calon Lân')

Doethion dri a ddaeth o'r dwyrain,
Chwilio'n daer am Frenin nef,
Nid mewn palas – ond mewn stabal
Yn y preseb – gwelwyd ef.

CYTGAN   Iesu Grist yw T'wysog bywyd,
Ef yw'r Un a garwn ni,
Rhown ein gorau iddo beunydd,
Moliant byth i Geidwad cu.

Aur yn anrheg gafodd yntau,
Gwerthfawr rodd i faban gwiw,
Ar ei orsedd y teyrnasa –
Mab o'r nef a phlentyn Duw.

Thus i broffwyd clir ei gennad,
Mawr ei wyrthiau i bob un,
Sôn am deyrnas sy'n dragwyddol,
Drwy ddamhegion – achub dyn.

Myrr i'r un ddioddefai gystudd
Ar Galfaria – chwerw loes,
Dyma'r Un sy'n haeddu moliant,
A gwrogaeth drwy ein hoes.

CAROL Y BUGEILIAID
(Alaw – 'Jingle Bells')

Draw yn llety'r ych ym Methlehem yn wir
Mae 'na ddathlu mawr – baban bach mor bur,
Preseb gafodd ef, gwely llwm o wair,
Yno ganwyd Brenin nef – yn fab i'r Forwyn Fair.

CYTGAN   O! Yn y maes, yn y maes, roedd bugeiliaid lu,
'Mysg y praidd – i lawr o'r nef daeth newyddion cu;
O! Engyl glân, engyl glân – neges teg ei bryd,
Ganwyd Crist i'r Forwyn Fair – Ceidwad i'r holl fyd.

Daethant at y crud, ac oenig bach yn rhodd,
Joseff hoff a Mair ydoedd wrth eu bodd;
Penlinio wnaethant hwy, balchder yn eu bron,
Rhoddi clod i'r baban bach a'i foli ef yn llon.

Cân bugeiliaid sydd yn seinio drwy'r holl wlad
Am eni T'wysog nef – yn fab i Dduw y Tad;
Ac felly ar ein taith, cyhoeddwn wyrthiol rodd –
Cofiwn eni Iesu Grist yn faban wrth ein bodd.

CAROL MAIR
(Alaw – 'Auld Lang Syne')

Dewiswyd Mair gan Dduw ei hun
I gario'i Fab di-nam,
Dewiswyd Mair gan Dduw ei hun,
Fel na châi gam.

CYTGAN   Am eni baban bach i Mair,
Am eni baban bach,
Rhown glod i Dduw y 'Dolig hwn
Am eni baban bach.

Fe anwyd Crist ym Methlehem
Mewn llety llwm a thlawd,
Fe anwyd Crist ym Methlehem,
Hon oedd ei ffawd.

O, rhoddwn glod i'r baban bach
A fu ar liniau Mair,
O, rhoddwn glod i'r baban bach
Mewn crud o wair.

CAROL NADOLIG
(Emyn-dôn draddodiadol – 'Blaenwern')

Cofiwn am y Geni gwyrthiol
Yn y preseb, yn y gwair,
Lle y rhoddwyd y Meseia,
Baban cu i'r Forwyn Fair.
Llety llwm a gafwyd yno,
Er ei fod yn D'wysog nef,
Draw i'r stabal teithiodd mintai,
A rhoi moliant iddo ef.

Clywyd engyl gyda'u cennad
'Mysg bugeiliaid oll yn llu,
Rhoi newyddion am fachgennyn
Draw ym Methl'em oedd eu cri.
'Heddiw ganwyd yn nhref Dafydd
Geidwad cu i ddynolryw.'
Rhoddwn iddo ein gwrogaeth
A'i addoli tra bôm byw.

Doethion dri ar eu camelod
Ddaeth o'r Dwyrain ato ef,
Rhoi anrhegion drud i'r bychan –
Aur a thus i Frenin nef.
Myrr i un a welai gystudd
Ar ei daith drwy'r ddaear gron,
Ond ar orsedd y tragwyddol,
Mawr ei Deyrnas ger eu bron.

Deuwn oll ynghyd i'r stabal
I addoli T'wysog Nen,
Gwylaidd blygwn gerbron Iesu
A rhoi'r goron ar ei ben.
Ceisiwn oll wrth deithio'r ddaear
Arddel Crist yn hyn a wnawn,
Ac wrth dyfu yn ysbrydol
Bywyd yn dragwyddol gawn.

SGETS Y NADOLIG
(Ar gyfer plant ysgol gynradd)

(Golygfa mewn stabal. Plant wedi'u gwisgo fel anifeiliaid, ac yn dadlau pwy yw'r pwysica'. Gellid gosod mwgwd anifail ar wynebau'r plant i greu'r effaith.)

Plentyn 1:	*(yn gwisgo pen dafad)* Hylo 'na. Dafad ydw i. Doris yw fy enw. Dw i'n anifail pwysig iawn.
Plentyn 2:	*(yn gwisgo mwgwd ci)* Pam wyt ti'n meddwl dy fod di mor bwysig?
Plentyn 1:	Dw i'n bwysig achos 'mod i â gwlân cyrliog hyfryd. Mae pobl yn gallu defnyddio'r gwlân i weu ac i wneud dillad.
Plentyn 3:	*(yn gwisgo mwgwd iâr)* Ydyn – ond dw i'n credu 'mod i'n fwy pwysig.
Plentyn 4:	*(yn gwisgo mwgwd cath)* Pam felly?
Plentyn 3:	Achos dw i'n gallu dodwy wyau mawr sy'n rhoi bwyd i bobl.
Plentyn 2:	Ond dwyt ti ddim yn gallu cyfarth fel fi. Gwranda ar hyn. *(Sŵn bow wow uchel)*
Plentyn 1:	Ond beth sy'n bwysig am 'ny?
Plentyn 2:	Wel, dw i'n gallu cadw sŵn pan mae rhywun dieithr yn dod yn agos i'r tŷ a rhybuddio'r bobl sy'n byw yno.
Plentyn 4:	Eitha gwir. Ond dwyt ti ddim yn gallu dala llygod fel fi.
Plentyn 5:	*(yn gwisgo mwgwd buwch)* A beth sy'n arbennig am 'ny?

Plentyn 4:   Oni bai 'mod i'n dal y llygod, fydden nhw dros y lle i gyd ac yn bwyta popeth ac yn rhedeg i fyny ein coesau ni.

(Sŵn sgrechian gan y plant)

Plentyn 3:   Eitha gwir. Dw i ddim yn hoffi llygod bach – heb sôn am rai mawr! Maen nhw'n gallu rhedeg o gwmpas 'y mhen ôl i pan dw i'n eistedd ar y nyth! *(Pawb yn chwerthin)*

Plentyn 5:   Ond beth am roi llaeth i bobl? Dim ond fi sy'n gallu gwneud hynny.

Plentyn 6:   *(yn gwisgo mwgwd mwnci)* A hebddot ti fe fyddai 'Wil y Llaeth' allan o waith!

Plentyn 7:   *(yn gwisgo mwgwd ceffyl)* Heb sôn am y lles mae llaeth a chalsiwm yn ei wneud i blant – yn eu helpu nhw i dyfu.

Plentyn 5:   Dyna pam mae hi'n bwysig i blant yfed llaeth bob dydd!

Plentyn 7:   Ond fi yw'r un sy'n gallu neidio'n uchel ac ennill rasys!

Plentyn 6:   Ie. Dw i'n cofio dy gefnder di yn ennill y Grand National rywdro.

Plentyn 7:   Do, do. Er, cofia di, dw i ddim yn gallu swingio o un goeden i'r llall fel ti!

Plentyn 6:   Na, dw i'n gw'bod. Mae e'n eitha defnyddiol pan mae eisiau casglu afalau o'r coed neu wrth neidio o un goeden i'r llall er mwyn osgoi ciwiau traffig ar y llawr!

Plentyn 1:   *(Dafad)* O feddwl am y cyfan – dw i'n credu ein bod ni i gyd yr un mor bwysig â'n gilydd.

Plentyn 2: *(Ci)* Eitha gwir. A'r hyn sy'n bwysig yw ein bod ni i gyd yn gweithio gyda'n gilydd.

Plentyn 3: *(Iâr)* A bod yn garedig tuag at eraill yn y byd.

Plentyn 4: *(Cath)* Fe ddysgodd Iesu Grist y dylen ni garu pawb.

Plentyn 5: *(Buwch)* Ie – 'Câr dy gymydog fel ti dy hun.'

Plentyn 6: *(Mwnci)* Cadw at y Rheol Aur – a thrin pobl eraill fel yr hoffen ni gael ein trin.

Plentyn 7: *(Ceffyl)* Wedi'r cwbl – mae hi'n Nadolig, Gŵyl y Geni a thymor ewyllys da.

Plentyn 1: Hei. Beth am i ni fynd allan i'r cae am dro gyda'n gilydd 'te?

Plentyn 3: Ie. Syniad da.

Plentyn 5: Mae hi'n ddiwrnod mor braf heddiw.

Plentyn 2: Ydy – ac yn well o lawer na dadlau yn y fan hyn.

Plentyn 4: Cytuno'n llwyr.

Plentyn 7: Ie. Dewch 'te. Am y cynta i gyrraedd gwaelod y cae.

Plentyn 6: A sdim ots pwy sy'n ennill – reit!

(Pawb yn rhedeg allan)

GWEDDI
(I'r rhai ieuengaf)

Diolchwn i ti, O Dduw, am y Nadolig, ac am y rhodd o'r baban Iesu i'r byd. Fe deithiodd y bugeiliaid i foli'r baban a oedd wedi'i eni ym Methlehem. Yn yr un modd, daeth y doethion â'u rhoddion o aur, thus a myrr iddo. Roedden nhw wedi dilyn y seren ac wedi gweld y baban bach yn ei grud. Wrth i ni addoli gyda'n gilydd yn yr oedfa hon, boed i ni gofio'r Nadolig cyntaf hwnnw; Iesu yn y preseb a phawb yn ei foli fel Brenin.

> Draw yn nhawelwch Bethlem dref
> daeth baban bach yn Geidwad byd;
> doethion a ddaeth i'w weled ef
> a chanodd angylion uwch ei grud.

Yr adeg hon o'r flwyddyn, pan mae digonedd o fwyd ac anrhegion o'n cwmpas, boed i ni gofio am y rhai hynny sy'n llai ffodus na ni. Cofiwn am y rhai hynny sy'n dioddef o afiechyd ac yn methu mynd o'u cartrefi. Cofiwn am y rhai sy'n unig, yn enwedig ynghanol misoedd oer a thywyll y gaeaf. Mae 'na rai yn ein byd sy'n dioddef oherwydd eu bod nhw'n ddigartref ac yn gorfod cysgu allan ar y stryd. Bydd di hefyd gyda'r rhai hynny sy'n dioddef o brinder bwyd, yn enwedig yn y gwledydd tlawd.

Mae hi mor bwysig i ni gofio am eraill yr adeg hon o'r flwyddyn, yn enwedig gan ei bod hi'n gyfnod o ewyllys da. Cyfle i ni ymweld â'r bobl hynny sy'n hen ac yn ei chael hi'n anodd gadael eu cartrefi. Gwna ni yn gymdogion da sy'n barod i helpu eraill ar bob adeg. Boed i ni rannu ein caredigrwydd ag eraill sydd yn ein byd a dangos parch tuag at bawb – pa bynnag iaith y maen nhw'n ei siarad a pha liw bynnag yw eu croen.

Diolchwn am brydferthwch ein hardaloedd a'n gwlad a boed i ni barchu pob peth sy'n perthyn i'r Gymru hon. Gwna ni'n barod i siarad ei hiaith ar bob adeg ac i fod yn deilwng o'i phobl a'i diwylliant. A hithau'n adeg y Nadolig ac yn gyfnod o feddwl am y teulu a'r baban yn y crud, boed i ni feddwl am y rhai hynny a gollwyd ers y Nadolig diwetha – rhai lle mae'r aelwydydd dipyn yn fwy llwm ac unig dros yr Ŵyl hon.

Bydded i gariad y Baban Iesu aros gyda ni, nid yn unig dros y Nadolig ond drwy'r flwyddyn newydd sydd o'n blaenau. Wrth ddathlu Gŵyl y Geni, boed i gariad a chyfeillgarwch yr Ŵyl aros yn ein plith, yn yr hyn a ddwedwn ac yn yr hyn a wnawn. Boed i'r bobl sy ar y ddaear brofi gwerth cyfeillgarwch a pharch tuag at eraill a bydded i'r Nadolig a'r flwyddyn newydd fod yn gyfle i bawb ohonom ystyried ein rhan yn y byd.

Gwranda ar ein gweddi O Dduw wrth i ni foli'r baban Iesu y Nadolig hwn eto.

> Draw yn ninas Dafydd Frenin,
> yn y beudy isel, gwael,
> dodai mam un bach mewn preseb,
> nid oedd llety gwell i'w gael;
> Mair fendigaid oedd y fam,
> Iesu'r plentyn bach di-nam.

A boed i ras ein Harglwydd Iesu Grist aros gyda ni oll, yn blant bychain ac yn oedolion, o'r oedfa hon a thros Ŵyl y Nadolig, yn oes oesoedd. Amen.

GWEDDI
(I'r rhai yn eu harddegau)

Trown atat ti, O Dduw, ynghanol ein llawnder a'n digonedd i ddiolch i ti am Ŵyl y Nadolig.

Dyma'r cyfnod pan fyddwn ni'n cofio am enedigaeth Crist i'r byd a'i fod e wedi'i eni'n fab i Mair a Joseff a hynny mewn llety llwm ym Methlehem dref.

Diolchwn i ti am gyfnod y Nadolig, cyfnod pan mae 'na lawer o ddathlu a gwledda. Ond, ynghanol yr holl addurniadau a'r anrhegion, boed i ni atgoffa'n hunain mai Gŵyl y Geni ydyw a'n bod ni'n cofio am yr hyn a ddigwyddodd yng Ngwlad Jwdea ymhell dros ddwy fil o flynyddoedd yn ôl – geni Gwaredwr a Cheidwad i ddynolryw.

Mewn byd sy'n llawn o gasineb a dial, diolchwn am Dywysog Tangnefedd a ddysgodd y ffordd i ni garu cyd-ddyn. Daeth Iesu Grist i'r byd yn ei ddiniweidrwydd, genedigaeth ostyngedig yn llety'r anifail, a thrwy ei fywyd, o'r crud i'r groes, dangosodd y parodrwydd i weini ar eraill ac i osod yr hyn y maen nhw ei angen cyn ei anghenion ef ei hun. Hyd yn oed ar ddiwedd ei fywyd byr, aeth yn wylaidd ar gefn ebol asyn i mewn i Jerwsalem, yn hytrach nag mewn cerbyd crand. Yn yr un modd, roedd yn barod i helpu pawb ar bob adeg ac i wneud cymwynas â phawb a ofynnai am ei gymorth.

Gwna ni yn Grist debyg wrth i ni ymwneud a'n ffrindiau a phobl eraill; boed i ni fod yn llawn cariad a chyfeillgarwch gan gofio bod yn wylaidd a gostyngedig tuag at bawb.

Tymor ewyllys da yw'r Nadolig – a chyfle i bawb ohonom estyn llaw i'r rhai hynny sy'n llai ffodus na ni yn y byd. Cofiwn am yr hen a'r methedig, y rhai sy'n gaeth i'w cartrefi ac sy'n methu mynd a dod fel rydym ni. Bydd gyda'r rhai sy'n dioddef o unigrwydd, a phâr i ni alw heibio y rhai hynny sy'n unig ar eu haelwydydd, yn enwedig yn ystod nosweithiau hir y gaeaf. Gad i ninnau sy'n byw mewn cartrefi cynnes a chlyd gofio am y rhai sy'n llai ffodus na ni, yn enwedig y rhai sy'n cysgu allan ar y strydoedd heb do uwch eu pennau.

Diolchwn i ti, O Dduw, am y doniau amrywiol rwyt ti wedi'u rhoi i ni – y gallu i weld gogoniant byd natur o'n cwmpas, yn enwedig yr adeg hon o'r flwyddyn, a'r gallu i weld gwên ar wynebau ffrindiau. Diolchwn am fedru clywed lleisiau pobl sy'n annwyl i ni a chlywed cân aderyn yn ein clustiau. Diolch am y gallu i estyn llaw i bawb sy'n troi atom am gymorth, a bydded i ni gerdded yr ail filltir heb gyfrif y gost. Gwna ni yn ffrindiau da i'n gilydd ac i ddysgu chwarae heb unrhyw anghytuno.

Dysgodd Iesu Grist ni i garu pawb ac i fod yn garedig tuag at eraill yn y byd. Boed i ni ddangos cariad at y rhai sydd o'n cwmpas ni – rhieni, brodyr, chwiorydd, ffrindiau a phawb sy'n annwyl i ni.

Diolchwn am athrawon sy'n fawr eu gofal drosom yn yr ysgol; diolch am eu parodrwydd i'n cefnogi ni ac i'n cynorthwyo ar bob adeg. Dysg i ni hefyd eu parchu a rhoi help llaw iddynt pan fôn nhw'n troi atom ni am gymorth. Roedd Iesu yn gyfaill i bawb, ac yn yr un ffordd mae angen i ni ddangos cyfeillgarwch yn ein byd, hyd yn oed pan fo hynny'n anodd ar adegau.

> Dyro dy gariad i'n clymu,
> dy gariad fyddo'n ein plith;
> dyro dy gariad i Gymru,
> bendithion gwasgar fel gwlith:
> dysg inni ddeall o'r newydd
> holl ystyr cariad at frawd;
> dyro dy gariad i'n clymu,
> dy gariad di.

Wrth i ni agosáu at y Nadolig felly, boed i ddedwyddwch a chariad yr Ŵyl fod yn amlwg yn yr hyn a wnawn ac a ddwedwn. Boed i ni fod fel Siôn Corn i bawb yn barod i roi a rhannu o'n caredigrwydd ac i geisio dod â gwên i fywydau pobl. Hyn a ofynnwn yn enw ein Harglwydd Iesu Grist –

> Y baban bendigaid nad oedd iddo le
> Ond llety'r anifail ym Methlehem dref.

Amen.

RAP Y NADOLIG

Iesu Grist a ddaeth i'r byd,
Preseb gafodd ef yn grud.

Yn y stabal gyda'r ych,
Llety llwm – nid palas gwych.

Llu bugeiliaid ddaethant oll
I roi moliant yn ddi-goll.

Plygu'n wylaidd yn y lle,
Oenig gafodd Brenin ne'.

Doethion dri o'r dwyrain draw
Roesant roddion ar bob llaw.

Aur a thus a myrr yn wir,
Rhain i'r Un a welai gur.

Rhoddwn ninnau felly'n awr
Foliant gwir i'r Proffwyd mawr.

Drwy ein bywyd gwnawn ein rhan,
Helpu'r gweiniaid ym mhob man.

Dangos cariad yn ein gwaith,
Rhoi a rhannu ar y daith.

Crist yw'r T'wysog penna'n bod,
Rhaid ei ganmol a rhoi clod.

Unwch bawb yn awr â ni,
Rapiwn fawl i'n Ceidwad cu.

TRIBANNAU'R NADOLIG

Daeth Crist i'r byd mewn llety,
Nid palas crand na gwesty,
Yn faban bach mewn preseb gwair –
Yn fab i Mair mewn beudy.

Bugeiliaid yn y meysydd
Yn gwylio'u defaid beunydd,
Angylion ddaeth i lawr i'r fro
Â'u neges o lawenydd.

O'r Dwyrain daeth y doethion
Gan ddilyn seren dirion,
A phlygu o flaen Prynwr byd
A rhoi eu drud anrhegion.

I'r stabal deuwn ninnau
Yn wylaidd ar ein gliniau,
Gan ddiolch am y Ceidwad triw
A ddaeth o Dduw i ninnau.

MOLAWD MAIR

(Alaw – 'Lawr ar lan y môr')
(Parodi ar gân)

Fe glywais am y Forwyn Fair
Draw ym Methlehem,
Draw ym Methlehem,
Draw ym Methlehem,
Fe glywais am y Forwyn Fair
Draw ym Methlehem,
Draw ym Methlehem.

CYTGAN   O – O – O – rwy'n ei chofio hi,
               O – rwy'n ei chofio hi,
               O – O – O – rwy'n ei chofio hi,
               Y Forwyn ym Methlehem;
               O – rwy'n ei chofio hi,
               Y Forwyn ym Methlehem.

Fe holais am ei baban bach
Draw ym Methlehem, (x3)
Fe holais am ei baban bach
Draw ym Methlehem. (x2)

Fe welais i ei baban bach
Draw ym Methlehem, (x3)
Fe welais i ei baban bach
Draw ym Methlehem. (x2)

Pob diwrnod fe'i canmolwn hi
Draw ym Methlehem, (x3)
Pob diwrnod fe'i canmolwn hi
Draw ym Methlehem. (x2)

ANERCHIAD/STORI NADOLIG
(Ieuenctid)

Roedd 'na stori am dad a oedd wedi cyrraedd hanner awr yn gynnar er mwyn casglu ei fab o'r parti Nadolig. Tra ei fod e'n disgwyl amdano, safodd yn dawel yng nghefn y neuadd gan edrych ar yr hyn oedd yn digwydd gyda diddordeb. Sylwodd fod y rhan fwyaf o'r bobl ifainc yn sefyll o gwmpas mewn grwpiau gan siarad â'i gilydd, tra bod rhai ohonyn nhw'n dawnsio i gerddoriaeth a oedd yn rhy uchel yn ei feddwl yntau.

Cyhoeddodd y chwaraewr disgiau y ddawns nesaf ac ar unwaith aeth pawb allan i'r llawr gan ddechrau dawnsio'n frwdfrydig. Roedd yr awyrgylch wedi newid yn gyfan gwbl a sylwodd y tad ar hyn i gyd.

Yn ddiweddarach ar y ffordd adre', gofynnodd y tad i'w fab sut oedd un gân benodol wedi cael y fath effaith ar yr ieuenctid.

'Am fod y gân ar frig y siartiau,' atebodd y mab.

'Wir!' meddai'r tad. 'Ond beth sy'n achosi i gân fod ar frig y siartiau?'

'Y neges, wrth gwrs,' meddai'r mab, fel petai hyn yn amlwg i bawb.

'Ond,' meddai'r tad, 'mae hi'n amhosib' i unrhyw un ddeall y geiriau sy'n cael eu canu. Mae'r gerddoriaeth yn boddi'r geiriau yn gyfan gwbl.'

'Sdim ots am hynny,' meddai ei fab, 'sdim rhaid i chi ddefnyddio geiriau i gyfleu neges. Ry'ch chi'n gadael i'r gerddoriaeth ei gario i mewn i'ch meddwl fel petai.'

Pendronodd y tad dros yr hyn a ddwedodd ei fab, gan sylweddoli yn y diwedd ei fod yn hollol gywir. Mae 'na nifer o ffyrdd gwahanol, ar wahân i eiriau, i gyfleu negeseuon.
Mae cyfansoddwr yn defnyddio cerddoriaeth.
Mae arlunydd yn defnyddio ei frwsh a'i baent.
Mae person na fedr siarad yn defnyddio ei ddwylo.

Tra bod morwyr ar adegau'n defnyddio baneri i gyfleu eu neges.

A phan oedd Duw eisiau cyfleu ei neges – ei 'Air' fel petai – a dangos ei fod yn caru ei bobl, fe anfonodd ei neges ym mherson Iesu Grist, ei Fab.

A dyna yw Gŵyl y Nadolig – cyfnod i lawenhau fod Iesu Grist wedi dod i'r byd. 'Yr Ymgnawdoliad' – Duw wedi dod yn ddyn. Do, anfonodd yntau ei fab i blith pobl fel y gallai eu dysgu a bod yn esiampl iddynt.

Mae Daniel Ddu o Geredigion yn dweud am y Nadolig fel hyn:

> Dyma'r dydd y ganed Iesu,
> dyma'r dydd i lawenhau;
> Arglwydd nef a ddaeth i brynu
> dynol-ryw, a'u llwyr ryddhau.
>
> Gwelwyd Iesu mewn cadachau,
> iddo preseb oedd yn grud,
> bu yn wan fel buom ninnau –
> seiliwr nefoedd faith a'r byd.
>
> Daeth o wlad y pur ogoniant,
> daeth o wychder tŷ ei Dad,
> prynodd ef i bawb a'i carant
> deyrnas nef yn rhodd, yn rhad.
>
> Dyma gariad haedda'i gofio
> mewn anfarwol gân ddi-lyth;
> yn y cariad hwn yn nofio
> boed fy enaid innau byth.

CYFLWYNIAD DRAMATIG Y NADOLIG
(I rai yn eu harddegau)

Criw o blant ar yr ochr chwith, lleill yn y canol a'r gweddill ar y dde.

Criw ar y chwith wedi'u gwisgo mewn trowsus du a chrys-T lliw coch. Y rhain yn camu ymlaen.

Person 1:	Gŵyl y Geni yw'r Nadolig; cyfnod o gofio am eni Iesu Grist ym Methlehem.
Person 2:	Fe'i galwyd yn Iesu am mai ef fyddai'n achub y bobl o'u pechodau.
Person 3:	Y Meseia – yr un y bu disgwyl mawr amdano.
Person 1:	Ie; dyma sut y soniodd yr angylion amdano wrth y bugeiliaid – 'Ganwyd i chwi heddiw yn nhref Dafydd, Waredwr, yr hwn yw'r Meseia, yr Arglwydd.'
Person 2:	Hwn fyddai'r Emaniwel a fyddai'n dangos fod Duw gyda'i bobl.
Person 3:	Roedd e yr un fath â Duw ac eto daeth i fyw ar y ddaear fel dyn cyffredin.
Person 1:	Ac roedd cael ei eni mewn lletty yn dangos fod yr Iesu yn dod i'r byd fel un tlawd ei hun.
Person 2:	Felly, roedd y bobl gyffredin yn gallu uniaethu ag ef.
Person 3:	Nid un a anwyd mewn palas ydoedd fel y tybiai'r tri gŵr o'r dwyrain.
Person 1:	Wrth gwrs, roedd Herod y Brenin wedi mynd yn gynddeiriog pan glywodd e am eni'r baban Iesu.

Person 2:	Ac roedd y doethion wedi dilyn y seren a'u harweiniodd nhw i Fethlehem.
Person 3:	Roedden nhw wedi dod ag anrhegion drud iddo.
Person 1:	Oedden, ac roedden nhw wedi galw ym mhalas y Brenin Herod yn gyntaf – gan feddwl mai yno y cawsai ei eni.
Person 2:	Daethon nhw ag aur fel rhodd i frenin.
Person 3:	A'r thus fel symbol o un a fyddai'n broffwyd yn eu plith.
Person 1:	Roedd y myrr wrth gwrs yn rhagweld ei ddioddefaint ar y groes a'i barodrwydd i farw dros bechodau pobl.
Person 2:	Doedd Herod ddim yn fodlon iawn pan na ddaeth y doethion yn ôl ato i ddweud ble roedd y baban wedi'i eni.
Person 3:	Ac fe anfonodd e filwyr i Fethlehem i ladd pob bachgen dan ddwyflwydd oed.
Person 1:	Ond y Nadolig hwn, dewch i ni ddathlu'r Ŵyl hon – gan gofio bod Iesu wedi dod yn Achubwr i'r holl fyd.
Person 2:	Ac mai'r unig beth sy angen i ni ei wneud yw credu ynddo.
Person 3:	Mae cerdd Iorwerth H. Lloyd yn sôn am wir ystyr y Nadolig a sut rydym wedi mynd ar goll, i raddau, yn ein dathliad.

(Y criw â'r crysau coch yn camu yn ôl at y gweddill)

PAWB sydd ar y llwyfan yn cyd-lefaru:

Y NADOLIG

'Trwy ddirgel ffyrdd' fe ymgnawdolodd Un
A ddaeth yn grefftwr coed a cherddwr gwlad,
Cafodd yn fam forwynig deg ei llun,
A gwylaidd ŵr o werin oedd ei dad.
Noson ei eni canai côr y nen,
A theithiodd tri gŵr doeth dros grastir sych,
Gan ddilyn seren newydd sbon uwchben,
Nes dyfod yn y man at lety'r ych.

'Rôl ugain canrif dal a wnawn o hyd
I ddathlu'r geni mewn amrywiol ffyrdd,
Gwleddoedd, a gloddest, ac anrhegion drud
A drachtio gwinoedd dan y celyn gwyrdd.

Tybed a gawn ni bardwn gan Fab Mair
Am ddathlu ei benblwydd fel ffyliaid ffair?

(Troi at y criw o blant yn y canol â'u trowsusau du a'u crysau-T gwyn; y rhain yn camu ymlaen)

Llais 1:   Gŵyl Tywysog Tangnefedd yw'r Nadolig.

Llais 2:   Dwedodd yr angylion eu bod nhw'n cyhoeddi newyddion da o lawenydd mawr.

Llais 3:   Ie – 'Gogoniant yn y goruchaf i Dduw,' medden nhw, 'ac ar y ddaear tangnefedd ymhlith y rhai sydd wrth ei fodd.'

Llais 1:   Tangnefedd – lle mae pobl yn byw'n heddychlon gyda'i gilydd.

Llais 2:   Lle nad oes dial nac ymladd, dim ymosod na chasineb.

Llais 3:   Roedd y bardd Waldo Williams yn heddychwr amlwg ac mae ei waith ysgrifenedig yn cyfeirio at hyn yn barhaus.

Llais 1: Yn ei gerdd 'Plentyn y Ddaear' mae'n sôn am y bychain yn concro'r rhai sy'n treisio.

(Pawb yn cyd-lefaru neu gyd-ganu):
Daw dydd y bydd mawr y rhai bychain,
Daw dydd ni bydd mwy y rhai mawr,
Daw bore ni wêl ond brawdoliaeth
Yn casglu teuluoedd y llawr.

Llais 2: Yn ei gerdd 'Brawdoliaeth' cawn gyfeiriad at 'rwydwaith dirgel Duw sy'n cydio pob dyn byw'.

Llais 3: Ac yn 'Y Tangnefeddwyr' dywed mai 'Cennad dyn yw bod yn frawd'.

Llais 1: Mae'r gerdd 'Preseli' yn rhoi rhybudd i gadw'r 'mur rhag y bwystfil' ac i gadw'r 'ffynnon rhag y baw'.

Llais 2: Felly, mewn oes pan fo 'na gymaint o gasineb, dial a lladd, boed i ysbryd Tywysog Tangnefedd deyrnasu yn ein plith.

Llais 3: Wedi'r cwbl dysgodd Iesu ni i 'droi'r foch arall' ac i 'gerdded yr ail filltir heb gyfrif y gost'.

Llais 1: Roedd maddeuant yn rhan amlwg o'i genadwri – o'r stabal lom ym Methlehem i'r groes arw ar fryn Calfaria.

Llais 2: 'Maddau iddynt, oherwydd ni wyddant beth y maent yn ei wneud' oedd ei eiriau i Dduw dros y rhai oedd yn ei watwar ar y groes.

Llais 3: Mor bwysig yw hi i ni gario ysbryd maddeuant Tywysog Tangnefedd yn ein cerddediad beunyddiol drwy'r byd.

Llais 1:   Y byd hwn sydd â'i eithafwyr gormesol; rhai sy'n
            defnyddio trais a dicter gan ymosod ar bobl ddiniwed
            yn ein cymdeithas.

Llais 2:   Mae geiriau Paul at yr Eglwys yng Nghorinth yn sôn
            am bwysigrwydd cariad fel sail i holl weithredoedd
            dyn – y cariad nad yw'n gwneud dim sy'n anweddus
            nac yn ceisio ei ddibenion ei hun.

Llais 3:   A thros Ŵyl Tywysog Tangnefedd, boed i'r cariad
            hwnnw deyrnasu a meithrin ynon ni ysbryd
            brawdgarwch a heddwch ar y ddaear.

(Y criw â'r crysau-T gwyn yn camu yn ôl at y gweddill)

PAWB *yn cyd-lefaru (Geiriau D.R.Griffith):*
            Ffydd, gobaith, cariad yn ddiau,
            Yw doniau pennaf dynion,
            Ond yn eu plith, yn ddi-nacâd,
            Gan gariad y mae'r goron.

*Troi at y criw o blant ar y dde – yn eu trowsusau du a chrysau-T du. Y
rhain yn camu ymlaen.*

Aelod 1:   Mae'r Nadolig hefyd yn dymor o ewyllys da.

Aelod 2:   Ac mae rhoi a derbyn anrhegion yn ystod y cyfnod
            hwn yn dod â llawer o lawenydd i unigolion.

Aelod 3:   Rhoddodd Duw ei Fab i'r byd. Yr Ymgnawdoliad –
            Duw yn dod yn ddyn ac yn trigo yn ein plith.

Aelod 1:   Rhoddodd y doethion anrhegion i'r baban Iesu.

Aelod 3:   Ac mae rhoi a rhannu yn rhan bwysig o'r neges
            Gristnogol.

Aelod 1: Gallwn roi o'r pethau materol sydd gyda ni, ond hefyd fe allwn ni roi o'n hamser a'n parodrwydd i gynorthwyo eraill.

Aelod 2: Tymor ewyllys da ydyw – ond mae angen i ni weithredu'r angen yma yn barhaus.

Aelod 3: Ie – byw yn ôl cerddediad Crist.

Aelod 1: Mewn ffordd, ni yw cynrychiolwyr Crist ar y ddaear.

Aelod 2: Y Crist a welodd angen eraill – yn ysbrydol ac yn faterol.

Aelod 3: Y Crist a ddysgodd gymaint i'w bobl drwy ei ddamhegion.

Aelod 1: A'r Crist a'u cynorthwyodd drwy gyflawni gwyrthiau.

Aelod 2: Yn ein byd y mae llawer o bobl yn dioddef oherwydd tlodi, diffyg maeth a phrinder cartrefi clyd.

Aelod 3: Diolchwn felly am yr unigolion a'r elusennau hynny sy'n barod ar bob adeg i gefnogi a chynorthwyo y rhai llai ffodus.

Aelod 1: Mae Cymorth Cristnogol yn fudiad elusengar sy'n ceisio dangos bod 'bywyd cyn marwolaeth'.

Aelod 2: Ac yn barod i gynorthwyo pan fo argyfyngau yn y byd.

Aelod 3: Mae ganddyn nhw amrywiol brosiectau sy'n helpu pobl i fod yn hunan-gynhaliol ac i sicrhau fod ganddyn nhw ddŵr glân i'w yfed.

Aelod 1: Adeg y Nadolig rydym ni'n atgoffa'n hunain ei bod hi'n dymor ewyllys da.

Aelod 2:   Nid yn y tinsel, y goeden a'r addurniadau'n unig y mae
                meddwl am y rhoi a'r rhannu.

Aelod 3:   Mae angen i'r ewyllys da fynd gyda ni drwy gydol y
                flwyddyn.

(Y ddau grŵp arall yn camu ymlaen at y criw yn eu crysau-T du)

PAWB *i gyd-lefaru neu gyd-ganu emyn W. Rhys Nicholas:*
                Agor di ein llygaid, Arglwydd,
                i weld angen mawr y byd,
                gweld y gofyn sy'n ein hymyl,
                gweld y dioddef draw o hyd:
                maddau inni bob dallineb
                sydd yn rhwystro grym dy ras,
                a'r anghofrwydd sy'n ein llethu
                wrth fwynhau ein bywyd bras.

                Agor di ein meddwl, Arglwydd,
                er mwyn dirnad beth sy'n bod,
                gweld beth sy'n achosi cyni
                a gofidiau sydd i ddod;
                dysg in dderbyn cyfrifoldeb
                am ein rhan os ŷm ar fai,
                maddau inni os anghofiwn
                gyflwr yr anghenus rai.

                Agor di ein calon, Arglwydd,
                a gwna ni yn gyson-hael,
                O perffeithia ein trefniadau
                fel y llwyddont yn ddi-ffael:
                rhown yn awr ein diolch iti
                am y rhoddion ddaw o hyd;
                dan dy fendith daw haelioni
                a llawenydd i'r holl fyd.

CWIS Y GENI

(yn ôl Efengyl Mathew Pennod 1 a 2)

Pwy oedd dyweddi (partner) Mair?
(Joseff)

Beth oedd neges yr angel iddo mewn breuddwyd?
(Cymryd Mair fel gwraig iddo)

Beth yw ystyr yr enw Iesu?
('Gwared ei bobl o bechod')

Beth yw ystyr y gair 'Immanuel'?
('Y mae Duw gyda ni')

Ym mha dre cafodd Iesu ei eni?
(Bethlehem, Jwdea)

Pwy oedd y brenin bryd hynny?
(Herod)

O ble daeth y sêr-ddewiniaid/seryddion?
(O'r Dwyrain)

Beth oedd cwestiwn y sêr-ddewiniaid i'r brenin?
('Ble mae'r hwn a anwyd yn frenin yr Iddewon?')

Beth oedd yn arwain y ffordd i'r sêr-ddewiniaid?
(Seren)

Pa anrhegion oedd gan y sêr-ddewiniaid i'r baban Iesu?
(Aur, thus a myrr)

Ble cynghorwyd Iesu a'i deulu i ffoi iddo?
(I'r Aifft)

Pam oedd angen iddyn nhw ffoi yno?
(Roedd Herod eisiau lladd y baban)

Tan pryd yr arhoson nhw yno?
(Tan farwolaeth Herod)

Pwy oedd wedi dweud y geiriau 'O'r Aifft y gelwais fy mab'?
(Y Proffwyd)

Pam aeth y Brenin Herod yn gynddeiriog?
(Am fod y seryddion wedi'i dwyllo a mynd adref ar hyd ffordd arall)

Beth oedd gorchymyn y brenin?
(Lladd pob bachgen yn Jerwsalem a'r cyffiniau oedd yn ddwy flwydd oed neu'n llai)

Pa broffwyd ddwedodd y geiriau:
>'Clywyd llef yn Rama,
>wylofain a galaru dwys;
>Rachel yn wylo am ei phlant,
>ac ni fynnai ei chysuro, am nad oeddent mwy'?

(Jeremeia)

Ar ôl dychwelyd o'r Aifft, i ble aeth Joseff a'i deulu i fyw?
(I Nasareth)

Pwy oedd Archelaus?
(Mab Herod)

Pa eiriau a lefarwyd gan y proffwydi?
('Gelwir ef yn Nasaread.')

CWIS Y GENI
(yn ôl Efengyl Luc Pennod 2)

Pwy roddodd orchymyn i gofrestru'r holl Ymerodraeth?
(Cesar Awgwstus)

Pwy oedd yn llywodraethu ar Syria bryd hynny?
(Cyrenius)

I ba deulu oedd Joseff yn perthyn iddo?
(Teulu Dafydd)

I ba ddinas y teithiodd Joseff?
(I Fethlehem, Jwdea)

Beth oedd neges yr angylion i'r bugeiliaid?
('Gogoniant yn y goruchaf i Dduw, ac ar y ddaear tangnefedd ymhlith y rhai sydd wrth ei fodd.')

Pwy oedd yn cadw'r holl bethau a ddwedodd yr angylion a'r bugeiliaid 'yn ddiogel yn ei chalon'?
(Mair)

Faint oedd oed y baban Iesu pan enwaedwyd arno?
(Wyth niwrnod)

Ym mha ddinas yr enwaedwyd arno?
(Yn Jerwsalem)

Pa anrheg oedd disgwyl i rywun ei gyflwyno fel offrwm ar ôl yr enwaedu?
(Pâr o durturod neu ddau gyw colomen)

Pwy oedd y gŵr cyfiawn a duwiol oedd yn byw yn Jerwsalem ac a oedd yn y deml pan enwaedwyd ar Iesu?
(Simeon)

DARLLENIADAU ADDAS O'R BEIBL
Rhannu'r adnodau rhwng gwahanol gymeriadau

GENEDIGAETH IESU GRIST
Mathew Pennod 1 Adnodau 18–25

Llefarydd: Adnodau 18–20

Angel: Adnodau 20–21

Llefarydd: Adnod 22

Proffwyd: Adnod 23

Llefarydd: Adnodau 23–25

YMWELIAD Y SÊR-DDEWINIAID
Mathew Pennod 2 Adnodau 1–12

Llefarydd: Adnodau 1–2

Sêr-ddewiniaid:Adnod 2

Llefarydd: Adnodau 3–5

Sêr-ddewiniaid:Adnod 5

Proffwyd: Adnod 6

Llefarydd: Adnodau 7–8

Herod: Adnod 8

Llefarydd: Adnodau 9–12

FFOI I'R AIFFT
Mathew Pennod 2 Adnodau 13–15

Llefarydd: Adnod 13

Angel: Adnod 13

Llefarydd: Adnodau 14–15

Proffwyd: Adnod 15

RHAGFYNEGI GENEDIGAETH IESU
Luc Pennod 1 Adnodau 26–38

Llefarydd: Adnodau 26–28

Angel: Adnod 28

Llefarydd: Adnodau 29–30

Angel: Adnodau 30–33

Llefarydd: Adnod 34

Mair: Adnod 34

Llefarydd: Adnod 35

Angel: Adnodau 35–37

Llefarydd: Adnod 38

Mair: Adnod 38

GENEDIGAETH IESU
Luc Pennod 2 Adnodau 1–7

Llefarydd: Adnodau 1–7

Y BUGEILIAID A'R ANGYLION
Luc Pennod 2 Adnodau 8–21

Llefarydd: Adnodau 8–10

Angel: Adnodau 10–12

Llefarydd: Adnod 13

Angylion: Adnod 14

Llefarydd: Adnod 15

Bugeiliaid: Adnod 15

Llefarydd: Adnodau 16–21

ANERCHIAD/MYFYRDOD Y NADOLIG

Mae cyfnod y Nadolig yn amser llawen a hapus. Fel rheol, mae'r teulu'n casglu at ei gilydd; y plant gartre o'r ysgol neu'r coleg, gwyliau o'r gwaith a hwyrach bod rhai aelodau o'r teulu wedi teithio o bell. Pawb wedi dod at ei gilydd.

Mae'r tŷ yn edrych mor hyfryd gyda'r lliwiau coch ac aur yn amlwg, y goeden Nadolig wedi'i haddurno a hosanau Siôn Corn yn disgwyl am gael eu llenwi. Mae'n gyfnod llawn cyffro a'r plant yn edrych ymlaen yn eiddgar at weld pa anrhegion y bydd yr hen Santa wedi'u gadael iddynt. Mae'r twrci wedi'i brynu a'i stwffio ac mae'r llysiau i gyd wedi'u paratoi ac yn barod i'w coginio. Ie – cyfnod o lawnder a digonedd yw'r Nadolig; cyfnod o wledda a phartïon a phawb wrth eu bodd ynghanol yr holl firi a'r rhialtwch.

Ond ynghanol yr holl ddathlu mae angen i ni atgoffa'n hunain o wir ystyr yr Ŵyl.

Yn gyntaf: Mae angen i ni atgoffa'n hunain mai amser cofio geni Mab Duw – Iesu Grist – yw'r Nadolig, yr un a ddaeth i'r byd i ledu cariad ymysg pobl. Yr Ymgnawdoliad yw'r enw ar y digwyddiad yma sef 'dod yn gig a gwaed' a'r gred bod Iesu Grist yn Dduw ar ffurf dyn.

> Wele, cawsom y Meseia,
> cyfaill gwerthfawroca' 'rioed;
> darfu i Moses a'r proffwydi
> ddweud amdano cyn ei ddod:
> Iesu yw, gwir Fab Duw,
> Ffrind a Phrynwr dynol-ryw.

Cafodd Iesu ei eni mewn stabal yn faban i Mair a Joseff ei dad daearol. Roedd y bugeiliaid wedi derbyn y newyddion am ei enedigaeth gan yr angylion fel sy'n cael ei gofnodi yn Efengyl Luc – 'Peidiwch ag ofni, oherwydd wele, yr wyf yn cyhoeddi i chwi y newydd da am lawenydd mawr a ddaw i'r holl bobl: ganwyd i chwi heddiw yn nhref Dafydd, Waredwr, yr hwn yw'r Meseia, yr Arglwydd.' Dyma rodd arbennig Duw i'r byd ac fe ddaeth y doethion, y rhai a ddilynodd y seren o'r dwyrain, ag anrhegion drudfawr i'r baban; anrhegion oedd yn symbol o'i fywyd a'r hyn oedd i ddigwydd iddo. Yr aur fel rhodd i frenin, y thus i un a fyddai'n broffwyd a'r myrr yn symbol o'r dioddefaint oedd i ddod.

Yn Efengyl Mathew mae'r hanes am eni Iesu yn canolbwyntio ar Joseff er mwyn dangos bod Iesu yn perthyn i Dafydd, un o frenhinoedd mawr Israel. Roedd y sêr-ddewiniaid yn dod o'r dwyrain, sef o'r dwyrain i afon yr Iorddonen, ac felly y bobl gyntaf nad oedd yn Iddewon i weld y baban Iesu. D'yn ni ddim yn siwr faint o ddoethion oedd yno mewn gwirionedd, ond mae'n gred mai tri a ddaeth i Fethlehem oherwydd fod tri anrheg yn cael eu nodi.

Yn Efengyl Luc mae hanes geni Iesu yn cael ei adrodd o safbwynt Mair, sy'n dangos cydymdeimlad awdur yr efengyl, sef Luc (y meddyg), â gwragedd – rhai oedd yn cael eu gosod o'r neilltu, fel petai, yn y cyfnod. Mae Luc hefyd yn pwysleisio bod Iesu wedi dod i roi sylw i'r tlawd a'r anghenus; dyna pam mae'r newyddion am eni Iesu yn cael ei roi yn gyntaf i'r bugeiliaid tlawd ac nid i'r sêr-ddewiniaid cyfoethog. Aberth y bobl dlawd roddodd Mair a Joseff wrth gyflwyno Iesu yn y Deml – sef pâr o durturod neu golomennod. Roedd y cyfoethog fel rheol yn aberthu oen.

Ond er bod hanes Efengylau Mathew a Luc yn wahanol, eto maen nhw'n cytuno bod Iesu wedi cael ei eni ym Methlehem pan oedd Herod yn frenin, taw Mair oedd ei fam a bod Iesu wedi cael ei genhedlu o'r Ysbryd Glân.

Yn ail: Mae'r Nadolig yn Ŵyl Tywysog Tangnefedd, a thrwy ei fywyd roedd Iesu yn esiampl arbennig o hyn. Roedd e'n dangos cariad a chyfeillgarwch ac yn osgoi unrhyw anghytuno a chasineb. Roedd e'n barod i gynorthwyo eraill drwy gyflawni gwyrthiau ac roedd ei ddamhegion yn dysgu pobl am gariad, tosturi a maddeuant a hynny er mwyn ennill 'Y Deyrnas' a bywyd tragwyddol. Mae dameg y Mab Afradlon yn dangos gras Duw yn y ffordd mae'r tad yn derbyn ei fab ieuengaf yn ôl yn llawen – er bod y mab hwnnw wedi gwastraffu eiddo ei dad. Doedd y mab ddim wedi gwneud dim byd i haeddu'r maddeuant a roddwyd gan ei dad. Ond mae'r ddameg yn pwysleisio'r pwysigrwydd o roi a derbyn maddeuant.

Thema arall yn namhegion Iesu yw barn, a bod pobl yn cael eu barnu yn ôl yr hyn maen nhw wed'i gyflawni yn y byd. Byw yn gytûn ac mewn heddwch gyda phobl eraill, gan osgoi unrhyw ymrafael, dyna yw nod y Cristion. Mae ein byd yn llawn casineb ar hyn o bryd, yn enwedig mewn gwledydd fel Irac ac Afghanistan, ac mae angen pobl ddewr i rannu cariad lle bo casineb a dod â heddwch a thangnefedd i'n byd yn hytrach na rhyfel.

Yn 1964 fe ffurfiwyd cymuned Gristnogol o'r enw Corrymeela yng Ngogledd Iwerddon er mwyn dangos bod pobl o wahanol draddodiadau'n gallu dysgu a gweithio gyda'i gilydd yn lle gwrthdaro ac anghytuno. Roedden nhw'n trafod sut gallai 'gelynion' ddod yn ffrindiau ac adeiladu perthynas newydd yn lle bod yn rhanedig.

Yn y Testament Newydd mae Iesu'n canmol ac yn dysgu ei ganlynwyr i beidio â dial; yn hytrach dywed wrthyn nhw am garu eu gelynion a gweddïo dros y rhai a oedd yn eu herlid. Yn Efengyl Mathew, mae e'n dweud, 'Peidiwch â gwrthsefyll y sawl sy'n gwneud drwg i chwi. Os bydd rhywun yn dy daro ar dy foch dde, tro'r llall ato hefyd.'

Yn drydydd: Mae'r Nadolig yn Dymor Ewyllys Da, a chyfle i bawb ohonom feddwl am y rhai sy'n llai ffodus na ni. Roedd Iesu ei hun yn helpu pawb oedd yn gofyn cymwynas ganddo ac yn rhoi o'i garedigrwydd i helpu'r tlawd a'r cyfoethog, yr ifanc a'r hen, y cryf a'r gwan. Adeg y Nadolig mae angen i ninnau feddwl am y rhai hynny nad ydynt mor lwcus â ni yn ein byd ac i roi a rhannu o'n hamser a'n gallu. Mae pawb ohonom yn hoffi derbyn anrhegion adeg y Nadolig ond mae angen i ni sylweddoli bod llawer o bobl yn y byd sy'n teimlo'n unig ac yn brin o'r pethau rŷn ni'n eu cymryd mor ganiataol. Mae gennym deulu o'n cwmpas, pobl sydd yn ein caru, a chartrefi clyd i fyw ynddyn nhw, tra bod eraill yn ddigartref ac yn dioddef o brinder bwyd. Mae rhai yn cysgu allan ar ein strydoedd, tra bod rhywrai'n gorfod ffoi o'u gwledydd yn ffoaduriaid yn ceisio lloches er mwyn bod yn fwy diogel. Y gair Groeg am gariad Cristnogol yw agape ac mae llythyr

Paul at yr Eglwys yng Nghorinth yn sôn llawer am hyn – y cariad sy'n gymwynasgar.

Fe ddwedodd y Fam Teresa bod 'mwy o newyn yn y byd am gariad a gwerthfawrogiad nac am fara' – ac yn ystod Tymor Ewyllys Da fe ddylai pawb ohonom gofio'r geiriau hynny.

Mae Byddin yr Iachawdwriaeth yn fudiad Cristnogol sy'n dangos cyfeillgarwch at bobl, yn enwedig at y rhai hynny sy mewn trafferth ac heb do uwch eu pennau. Yng Nghaerdydd maen nhw wedi sefydlu Tŷ Gobaith sy'n darparu cartref dros dro i'r rhai hynny sy'n ddigartref ac sy'n cysgu allan ar y strydoedd. Yno, mae'r rhai sy'n troi i mewn atyn nhw yn derbyn pob gofal – yn gorfforol ac yn ysbrydol – ac mae Tŷ Gobaith yn gyfrwng i achub eu bywydau. Mae Byddin yr Iachawdwriaeth yn dangos ewyllys da, nid yn unig yn ystod tymor y Nadolig, ond bob dydd o'r flwyddyn. Mae angen i ninnau, yn yr un modd, os r'yn ni'n perthyn i Eglwys Crist, ddangos cariad a thosturi tuag at eraill yn ein cymuned, yn ein gwlad ac yn ein byd.

Dros gyfnod y Nadolig felly, boed i ni oll gofio ei bod hi'n Ŵyl Geni'r Baban Iesu, yr un a ddangosodd i ni ffordd tangnefedd trwy ei gariad a'i dosturi. O ganlyniad, bydded i ni ddangos ewyllys da tuag at bawb a hynny drwy yr hyn a wnawn ac a ddwedwn.

CERDD YR ŴYL

Mae Gŵyl y 'Dolig wedi dod ar hynt
A ninnau'n dathlu gyda'r teulu oll,
Y goeden werdd a ddodwyd yn ei lle,
Pob addurn drudfawr – heb yr un ar goll.
Mae'r twrci brynwyd wedi'i stwffio'n dda
A'r llysiau bellach ar y tân,
Y cracers cymwys ar y bwrdd
Yn denu llygaid pawb – yn fawr a mân.
Mae'r teulu cyfan wedi dod ynghyd
I ddathlu ar yr aelwyd gyda ni,
Digonedd welir ar bob llaw yn wir,
Anrhegion moethus geir gan bawb yn llu.

Ond rhaid yw cofio'r Ceidwad anwyd gynt
Mewn di-nod lety draw ym Methl'em dre,
Mintai'r doethion gyda'r bugeiliaid syn
A ddaeth yn llu i foli Brenin Ne'.

Gwae ni ynghanol ein holl hwyl a'n ffair
Os na chofiwn ni'r baban yn y gwair!

GWEITHGAREDD GWNEUD/DATRYS TAGXEDO MIS RHAGFYR

Ar gyfer y gweithgaredd hwn rhaid wrth gyfrifadur a sgrin yn y gwasanaeth.

Gweler y cyfarwyddiadau a roddwyd ym mis Chwefror ar sut i ffurfio Tagxedo.

Geiriau addas y gellir eu gosod yn y Tagxedo ar gyfer mis Rhagfyr yw: anrhegion, doethion, aur, thus, myrr, bugeiliaid, seren, oen, llety, Iesu Grist, coeden, Siôn Corn, tinsel, twrci ...

TARSIA MIS RHAGFYR

(Gweithgaredd Cyfrifiadurol)

Cyfarwyddiadau gwreiddiol gyda deunyddiau gwasanaeth mis Ionawr. Dyma enghraifft o 16 o gwestiynau/geiriau/brawddegau/atebion posibl ar gyfer creu Tarsia sy'n ymwneud â'r Nadolig (os oes angen paratoi un o flaen llaw). Os byddwch yn gwneud yr ymarfer yn y gwasanaeth, gall y plant a'r oedolion fwydo eu cwestiynau/atebion eu hunain ar y pryd.

Gorchymyn Cesar Awgwstws / Cofrestru'r bobl
Hon oedd Mam y Baban Iesu / Y Forwyn Fair
Tad daearol y Baban Iesu / Joseff y Saer
Ble roedd y stabal? / Yn ninas Bethlehem
Siaradodd hwn gyda'r bugeiliaid / Yr angel Gabriel
Daeth y doethion ag aur i'r baban / Rhodd i frenin
Thus / Dangos y byddai hwn yn broffwyd
Myrr / Symbol o'i ddioddefaint
Enw un o'r doethion / Melchior
Seren / Dilynodd y doethion hon o'r dwyrain
Brenin ydoedd hwn / Herod
Ystyr yr enw Iesu / 'Ef a wareda ei bobl oddi wrth eu pechodau'
Ystyr Immanuel / 'Y mae Duw gyda ni'
Bu rhaid i Joseff a'i deulu ffoi yma / Yr Aifft
Gorchymyn Herod / Lladd pob plentyn dan ddwyflwydd oed
Geiriau'r proffwyd Jeremeia / 'Clywyd llef yn Rama'

CREU PWERBWYNT Y NADOLIG
(I gyd-fynd â'r darlleniadau)

Angen cyfrifiadur sydd â system 'powerpoint' a sgrin ar gyfer y gweithgaredd hwn. Bydd angen chwilio am luniau addas ar y we.

YMWELIAD Y SÊR-DDEWINIAID
Efengyl Mathew Pennod 2 Adnodau 1–12

Llun o sêr-ddewiniaid, a'r geiriau 'Ble mae'r hwn a anwyd yn frenin yr Iddewon?'

Llun o'r Brenin Herod, a'r geiriau 'Ble mae'r Meseia i gael ei eni?'

Llun o Fethlehem, a'r geiriau 'A thithau Bethlehem yng ngwlad Jwda ... ohonot ti y daw allan arweinydd a fydd yn fugail ar fy mhobl Israel.'

Llun o seren, a'r geiriau ' ... dyma'r seren a welsent ar ei chyfodiad yn mynd o'u blaen hyd nes iddi ddod ac aros uwchlaw'r man lle'r oedd y plentyn.'

Llun o'r geni gwyrthiol yn y stabl, a'r geiriau 'Offrymasant iddo anrhegion, aur a thus a myrr.'

GENEDIGAETH IESU
Efengyl Luc Pennod 2 Adnodau 1–7

Llun o Cesar Awgwstus, a'r geiriau 'Yn y dyddiau hynny aeth gorchymyn allan oddi wrth Cesar Awgwstus i gofrestru'r holl Ymerodraeth.'

Llun o'r Brenin Dafydd, a'r geiriau 'Oherwydd ei fod yn perthyn i dŷ a theulu Dafydd, aeth Joseff i fyny o dref Nasareth i dref a elwir Bethlehem.'

Llun o'r stabal, a'r geiriau ' ... rhwymodd ef mewn dillad baban a'i osod mewn preseb, am nad oedd lle iddynt yn y gwesty.'

Y BUGEILIAID A'R ANGYLION
Efengyl Luc Pennod 2 Adnodau 8–21

Llun o'r bugeiliaid gyda'u praidd, a'r geiriau 'Yn yr un ardal yr oedd bugeiliaid allan yn y wlad yn gwarchod eu praidd liw nos.'

Llun o angel, a'r geiriau 'Peidiwch ag ofni, oherwydd wele, yr wyf yn cyhoeddi i chwi y newydd da am lawenydd mawr a ddaw i'r holl bobl: ganwyd i chwi heddiw yn nhref Dafydd, Waredwr, yr hwn yw'r Meseia, yr Arglwydd.'

Llun o lawer o angylion, a'r geiriau 'Gogoniant yn y goruchaf i Dduw, ac ar y ddaear tangnefedd ymhlith y rhai sydd wrth ei fodd.'

Llun o'r bugeiliaid gyda Mair a Joseff yn y stabl, a'r geiriau 'Aethant ar frys, a chawsant hyd i Fair a Joseff, a'r baban yn gorwedd yn y preseb.'

YMSON JOSEFF
(i'r rhai yn eu harddegau)

(Gellir addasu yn ôl tafodiaith yr ardal.)

Mae Mair yn disgwyl baban ac mae angel yr Arglwydd wedi siarad â fi. Ie, Mair – dw i'n ei charu hi'n fawr a dw i'n barod i wneud unrhyw beth drosti. Mae'r angel wedi dweud wrtho i am beidio â bod ag ofn, ond i gymryd Mair yn wraig i mi. Ond beth fydd pobl yn ei ddweud a hithau'n disgwyl baban cyn i ni briodi? Mae pobl wrth eu bodd yn bwrw barn ar y peth lleia.

Fe ddwedodd yr angel rywbeth am yr Ysbryd Glân. Beth ar y ddaear yw Ysbryd Glân? Oes 'na ysbryd brwnt i'w gael hefyd 'te? A beth o'dd e'n ei feddwl wrth ddweud fod yr hyn a genhedlwyd ynddi yn deillio o'r ysbryd hwnnw? Ydy Mair wedi fy nhwyllo i tybed? Ydy hi wedi bod yn anffyddlon i mi? Na – fyddai hi byth yn gwneud hynny.

Fe ddwedodd yr angel ei bod hi'n disgwyl bachgen bach, ac mai ei enw fyddai 'Iesu'. Pam rhoi'r enw 'Iesu' ar faban bach? A pha hawl sy gan yr angel 'na i roi enw i'r baban ta beth? Cofiwch, maen nhw'n dweud mai ystyr yr enw 'Iesu' yw 'Gwaredwr'. 'Sgwn i beth gaiff e wared ohono felly? Talu'r holl drethi 'falle? Neu cael gwared o'r holl ddiweithdra yn y byd?

Nage – fe ddwedodd rhywun ei fod e'n mynd i waredu ei bobl oddi wrth eu pechodau. Ond sut ar y ddaear y mae e'n bwriadu gwneud hynny? A sut gall unrhyw un gael gwared o bechodau pobl eraill?

Dw i'n cofio 'nhad yn dweud 'slawer dydd bod y proffwydi wedi sôn am ferch ifanc yn mynd i gael rhyw faban arbennig. Roedden nhw'n dweud mai 'Immanuel' o'dd yr enw y dylsai'r babi hwnnw gael ei alw – am fod Immanuel yn golygu bod Duw gyda'i bobl. Beth bynnag – dw i'n credu y gofynna i i Mair 'y mhriodi i. Wedi'r cwbl – dw i'n meddwl y byd ohoni a dw i ddim eisiau bod pobl yn ei barnu hi mewn unrhyw ffordd.

MONOLOG MAIR

(Gellir gosod gwahanol olygfeydd ar y llwyfan a gall Mair symud yn hamddenol o un man i'r llall rhwng pob golygfa. NEU os oes cyfrifiadur wrth law, gellir dangos gwahanol luniau ar y sgrin i gynrychioli'r gwahanol olygfeydd. Mae modd addasu'r fonolog hefyd yn ôl tafodiaith yr ardal.)

Golygfa 1

Mae heddiw wedi bod yn ddiwrnod a hanner a dw i'n teimlo mor flinedig. Daeth Joseff a finnau yma i Fethlehem am fod Cesar Awgwstus wedi gorchymyn fod rhaid i bawb fynd i'w hardal enedigol er mwyn cofrestru. Mae Joseff yn perthyn i dŷ a theulu Dafydd ac felly roedd rhaid i ni ddod yr holl ffordd o'n cartref yn nhref Nasareth yng Ngalilea i dref Dafydd – sef Bethlehem. Roedd y daith yn anodd iawn i fi – wedi'r cwbl does dim llawer o amser ar ôl nawr tan i'r baban gael ei eni.

Golygfa 2

Fe fuon ni'n chwilio am le i aros am beth amser ond roedd pob man yn llawn. Cymaint o bobl wedi dod yma i Fethlehem ar gyfer y cofrestru. Dim lle yn y gwesty hyd yn oed, ond chwarae teg i'r perchennog fe gawson ni aros yn stabal yr anifeiliaid gerllaw. Pan anwyd y baban – ein mab bach ni – fe ddodais i ddillad amdano a'i roi e i orwedd yn y preseb gyda digon o wair oddi tano. Mae e'n edrych mor glyd a chynnes.

Golygfa 3

Roedd hi'n hyfryd gweld rhai o'r bugeiliaid wedi galw heibio i'n gweld. Roedd angel wedi cyhoeddi'r newyddion da iddyn nhw am enedigaeth Iesu. Wedyn fe ddaeth 'na dyrfa o angylion eraill yn gwmni i'r angel, rhai a oedd yn cyhoeddi gogoniant i Dduw a thangnefedd i'r bobl. Dwedodd y bugeiliaid lawer o bethau eraill hefyd – pethau oedd yn cyfleu bod fy maban i yn un arbennig; ond dw i'n mynd i gadw popeth a ddwedon nhw yn ddiogel yn fy nghalon gan fyfyrio ar y geiriau.

Golygfa 4

Ar ôl hyn, fe ddaeth 'na bobl smart iawn yr olwg i'r stabal; doethion a oedd wedi teithio yr holl ffordd o'r dwyrain. Roedden nhw wedi mynd i blasdy Herod yn gyntaf a gofyn iddo fe am y baban a oedd yn mynd i fod yn Frenin yr Iddewon. Roedden nhw wedi gweld rhyw seren yn ôl yr hanes. Doedd Herod ddim yn fodlon iawn pan glywodd e'r newyddion hyn. Ond ar ôl holi'r offeiriaid a'r ysgrifenyddion fe ddwedwyd wrtho mai yma ym Methlehem roedd y baban i gael ei eni, gan mai dyna roedd y proffwydi wedi'i ddweud. Herod felly a anfonodd y doethion yma i Fethlehem ac fe ddilynon nhw'r seren nes iddi aros uwchben y stabal. Fe ddaethon nhw ag anrhegion arbennig gyda nhw; aur, thus a myrr. Roedd Herod, wrth gwrs, wedi gofyn i'r doethion fynd yn ôl ato, er mwyn iddo gael gw'bod ble roedd y baban wedi'i eni'n hollol. Ond, fe benderfynon nhw fynd adre ar hyd ffordd arall er mwyn osgoi galw gyda fe. Gobeithio yn wir na chaiff fy maban bach i gam.

(Gall Mair gydio yn y baban bach sydd yn y preseb a'i gario'n ofalus yn ei breichiau wrth iddi hi adael y llwyfan. Gall hymian rhyw alaw addas.)